O SOCIALISMO JURÍDICO

Friedrich Engels e Karl Kautsky

O SOCIALISMO JURÍDICO

Prefácio
Márcio Bilharinho Naves

Tradução
Lívia Cotrim e Márcio Bilharinho Naves

Copyright desta edição © Boitempo Editorial, 2012
Tradução do original alemão "Juristen-Sozialismus", em Karl Marx
e Friedrich Engels, Werke (5. ed., Berlim, Karl Dietz, 1975, v. 21,
reimpressão sem alterações da 1. ed., de 1962), p. 491-509

Coordenação editorial
Ivana Jinkings

Editora-adjunta
Bibiana Leme

Tradução
Lívia Cotrim e Márcio Bilharinho Naves

Preparação
Mônica Santos

Capa
Antonio Kehl
sobre desenho de Cássio Loredano
(com detalhe de gravura de Karl Kautsky [1924?], DHM, Berlim)

Produção e diagramação
Livia Campos

Ilustração da p. 2, capa da edição turca do Manifesto Comunista
(Komünist Manifesto, Istambul, Parşömen Yayıncılık, 2010)

Assistência de produção
Isabella Teixeira

CIP-BRASIL. CATALOGAÇÃO-NA-FONTE
SINDICATO NACIONAL DOS EDITORES DE LIVROS, RJ

E48s

Engels, Friedrich, 1820-1895
   O socialismo jurídico / Friedrich Engels e Karl Kautsky ; tra-
dução Lívia Cotrim e Márcio Bilharinho Naves.- [2.ed., rev.] - São
Paulo : Boitempo, 2012.
   (Coleção Marx-Engels)

Tradução de: Juristen-Sozialismus
Apêndice
Inclui índice
ISBN 978-85-7559-210-6

1. Socialismo. 2. Direito e socialismo. I. Kautsky, Karl, 1854-1938.
II. Título. III. Série.

12-0625.   CDD: 335.422
                                                CDU: 330.85

É vedada a reprodução de qualquer parte
deste livro sem a expressa autorização da editora.

1ª edição: março de 2012;
1ª reimpressão: dezembro de 2013; 2ª reimpressão: dezembro de 2015;
3ª reimpressão: abril de 2018; 4ª reimpressão: julho de 2019;
5ª reimpressão: abril de 2021; 6ª reimpressão: outubro de 2023

BOITEMPO
Jinkings Editores Associados Ltda.
Rua Pereira Leite, 373
05442-000 São Paulo – SP
Tel.: (11) 3875-7250 / 3875-7285
editor@boitempoeditorial.com.br
boitempoeditorial.com.br | blogdaboitempo.com.br
facebook.com/boitempo | twitter.com/editoraboitempo
youtube.com/tvboitempo | instagram.com/boitempo

SUMÁRIO

NOTA DA EDITORA 7

PREFÁCIO, *Márcio Bilharinho Naves* 9

O SOCIALISMO JURÍDICO,
Friedrich Engels e Karl Kautsky 17

CARTAS DE ENGELS A LAURA LAFARGUE 49

ÍNDICE ONOMÁSTICO 57

CRONOLOGIA RESUMIDA 63

NOTA DA EDITORA

O artigo "O socialismo jurídico" foi planejado por Friedrich Engels como resposta ao livro *Das Recht auf den vollen Arbeitsertrag in geschichtlicher Darstellung* [O direito ao produto integral do trabalho historicamente exposto][1], do sociólogo e jurista burguês austríaco Anton Menger. Em tal obra, Menger tentou provar que a teoria econômica de Marx fora plagiada dos socialistas utópicos ingleses da escola ricardiana, especialmente de William Thompson. Essas afirmações, bem como a falsificação da essência da teoria marxiana efetuada por Menger, não poderiam passar despercebidas a Engels, que quis, em princípio, colocá-lo no devido lugar por meio da imprensa. No entanto, reconhecendo que sua oposição pessoal ao autor do livro poderia ser utilizada pelos "jornais nacional-liberais"[2] como escada segura para propiciar publicidade a Menger, personagem insignificante mesmo na ciência burguesa, Engels considerou mais apropriado lançar-lhe a devida crítica em artigo de redação da *Neue Zeit* ou por meio de uma resenha da obra, assinada por Karl Kautsky, redator da revista. Engels pretendia escrever a parte principal do texto, porém foi obrigado a interromper o trabalho por motivo de doença e incumbiu o redator de finalizar a tarefa.

Kautsky concluiu o artigo contra Menger, a partir das indicações de Engels, e publicou-o no caderno 2

---

[1] Stuttgart, Cotta, 1886.
[2] Ver carta de Engels a Laura Lafargue, p. 49 deste volume.

Nota da editora

da *Neue Zeit*, em 1887, sem assinatura. Em 1904 o texto foi reproduzido em francês, na revista *Mouvement Socialiste*, como sendo apenas de Engels; em 1905 a autoria foi revelada como sendo de ambos. Uma vez que não se encontrou o manuscrito do artigo, o que não permite identificar qual parte foi escrita por Engels e qual parte por Kautsky, aqui ele é reproduzido integralmente, sem distinção de autoria.

Além do artigo que dá título ao livro, este volume – traduzido do alemão por Lívia Cotrim e Márcio Bilharinho Naves, também autor do prefácio que contextualiza a obra – traz ainda duas cartas de Engels a Laura Lafargue, filha de Marx, escritas em Londres, em 2 e 24 de novembro de 1886. Completam a edição um índice onomástico das personagens citadas pelos autores e a cronologia resumida de Marx e Engels, com informações fundamentais sobre a vida, a obra e a militância política dos dois pensadores alemães.

A presente edição, revista e atualizada, baseia-se na tradução da Editora Ensaio (1 . ed., 1991; 2. ed., 1995) e deve sua existência à generosidade dos tradutores, que autorizaram sua reedição, e ao jurista e filósofo do direito brasileiro Alysson Leandro Mascaro, também autor do texto de orelha, que recomendou enfaticamente sua publicação. Os critérios editoriais seguem, no geral, os da coleção Marx-Engels: as notas numeradas são da edição alemã, aquelas com asteriscos podem ser da edição brasileira, quando seguidas de "(N. E.)", ou dos tradutores, quando seguidas de "(N. T.)". Termos escritos originalmente em outras línguas foram traduzidos na sequência de sua aparição, entre colchetes. A capa do volume, o 14º da coleção, traz ilustração de Cássio Loredano. Para conhecer os lançamentos anteriores, ver página 78.

março de 2012

PREFÁCIO

Márcio Bilharinho Naves

O texto "O socialismo jurídico" foi publicado originalmente na revista da social-democracia alemã *Die Neue Zeit* [A Nova Gazeta], em 1887, sem que fossem nomeados seus autores, só depois identificados como Friedrich Engels e Karl Kautsky. A redação havia sido iniciada por Engels, mas, tendo ele adoecido, Kautsky foi chamado para completar o artigo.

O objetivo mais imediato da iniciativa de Engels era dar resposta aos ataques que Marx vinha sofrendo, assim como elaborar uma crítica à ideologia jurídica e combater a sua influência no movimento operário[1].

"O socialismo jurídico" é uma crítica ao livro de Anton Menger, *O direito ao produto integral do trabalho historicamente exposto*, publicado no ano de 1886, e que vinha obtendo grande repercussão nos meios socialistas. Nascido na Áustria, Menger (1841-1906) foi professor de Direito Processual Civil, reitor da Universidade de Viena e um dos mais expressivos representantes do socialismo jurídico[2].

---

[1] Cf. Peter Schöttler, "Friedrich Engels and Karl Kautsky as Critics of 'Legal Socialism'", *International Journal of the Sociology of Law*, n. 14, 1986. Ver também Adriano de Assis Ferreira, "O socialismo jurídico de Engels", em *Questão de classes – direito, Estado e capitalismo em Menger, Stutchka e Pachukanis* (São Paulo, Alfa-Omega, 2009).

[2] A propósito da escola do "socialismo jurídico" e sobre Anton Menger, em particular, pode-se consultar os dois tomos dos *Quaderni Fiorentini per la storia del pensiero giuridico moderno*, n. 3-4,

Prefácio

Em seu livro, Menger propõe-se a tarefa de *reelaborar o socialismo de um ponto de vista jurídico*, possibilitando a transformação do ordenamento jurídico por meios pacíficos[3]. Além disso, procura demonstrar que a concepção teórica de Marx e Engels era simplesmente um plágio de autores socialistas que os precederam.

Como acentua Peter Schöttler, o sentido da intervenção de Menger era bem claro:

> Rejeitando como desprovida de fundamento a crítica "econômica" do socialismo precedente, formulada por Marx e Engels, e acusando Marx de "charlatanismo", mas, por outro lado, tentando provar a existência de uma tradição relativamente autônoma de crítica social *jurídica*, Menger intervinha mais ou menos abertamente nas lutas entre as tendências dentro do movimento operário.[4]

As posições de Menger favoreciam, de forma muito particular, a ala direitista da social-democracia alemã, que privilegiava a participação no sistema eleitoral.

O texto de Engels e Kautsky tem grande importância teórica e política e é de impressionante atualidade. Nestes tempos, em que se abate sobre o marxismo uma avassaladora ofensiva em nome da democracia, isto é, do direito, e em que a ideologia jurídica penetra profundamente no movimento operário e em suas organizações, vale a pena voltar a atenção para o ataque sem concessões que Engels e Kautsky dirigem contra o *núcleo duro* da ideologia burguesa, a sua *concepção jurídica de mundo*.

Engels e Kautsky defendem um ponto de vista irredutivelmente antijurisdicista, contraposto à concepção

---

"II 'Socialismo Giuridico'. Ipotesi e letture", 1974-1975, assim como o estudo do grande jurista soviético Pëtr Stutchka, "Iuriditcheskii sotsializm", em *Entsiklopediia gosudarstava i prava*, t. 3 (Moscou, Kommunisticheskoi Akademii, 1927). Entre nós, dois estudos tratam do tema: o excelente livro de José Carlos Mendonça, *A ideologia do socialismo jurídico* (Rio de Janeiro, Corifeu, 2007), e o segundo capítulo, dedicado a Menger, do já citado trabalho de Adriano de Assis Ferreira.

[3] Cf. Peter Schöttler, "Friedrich Engels and Karl Kautsky...", cit.

[4] Ibidem, p. 7.

O socialismo jurídico

que embasa todo o discurso de Menger, até mesmo a acusação dirigida a Marx de ter-se apropriado do conceito de "mais-valor". Tal acusação é resultado de uma leitura equivocada decorrente de uma perspectiva jurídica que confunde o conceito de *additional value*, como valor que se agrega à matéria-prima, e "mais--valor", como apropriação de "mais-trabalho". Engels e Kautsky mostram que Marx *desloca a questão* ao fundar a sua análise da exploração não na forma supostamente "injusta" da *distribuição*, mas nas *relações de produção*, e ao lembrar que ele *"nunca reivindicou o 'direito ao produto integral do trabalho'*, nem jamais apresentou reivindicações jurídicas de qualquer tipo em suas obras teóricas"[5].

A crítica à visão jurídica aparece, de modo ainda mais expressivo, na análise que Engels e Kautsky realizam da passagem da concepção teológica de mundo feudal à concepção jurídica de mundo burguesa, na qual se revela a natureza especificamente burguesa do direito, como forma social relacionada de maneira íntima com o processo de trocas mercantis:

> Visto que o desenvolvimento pleno do intercâmbio de mercadorias em escala social – isto é, por meio da concessão de incentivos e créditos – engendra complicadas relações contratuais recíprocas e exige regras universalmente válidas, que só poderiam ser estabelecidas pela comunidade – normas jurídicas estabelecidas pelo Estado –, imaginou-se que tais normas não proviessem dos fatos econômicos, mas dos decretos formais do Estado.[6]

Temos aqui alguns elementos que autorizam a formulação de uma ideia crítica do direito, que permita denunciar o "fetichismo da norma" e se oponha à teoria normativista para a qual o direito aparece somente como um conjunto de normas garantido pelo poder coercitivo do Estado[7].

---

[5] Ver p. 34 desta edição.

[6] Ver p. 19 desta edição.

[7] Para uma análise marxista do direito, ver: Evgeni Pasukanis, *A teoria geral do direito e o marxismo* (Rio de Janeiro, Renovar,

Prefácio

Relacionando a forma do direito com a forma da mercadoria – "O intercâmbio de mercadorias [...] engendra complicadas relações contratuais recíprocas" –, Engels e Kautsky permitem desvendar todo o segredo do direito: o processo de trocas mercantis generalizado exige, para a sua efetivação, o surgimento da *subjetividade jurídica* e dos princípios da liberdade, da igualdade etc. que a acompanham[8]. A emergência da categoria de *sujeito de direito* vai possibilitar, então, que o homem circule no mercado como mercadoria, ou melhor, como proprietário que oferece a si mesmo no mercado: "O sujeito existe apenas a título de representante da mercadoria que ele possui, isto é, a título de representante de si próprio enquanto mercadoria"[9]. Desse modo, o direito põe o homem em termos de propriedade, ele aparece ao mesmo tempo na condição de sujeito e objeto de si mesmo, isto é, na condição de proprietário que aliena a si próprio: "A estrutura mesma do sujeito de direito, na dialética da vontade-produção-propriedade, não é, definitivamente, mais que a expressão jurídica da comercialização do homem"[10]. O direito faz funcionar, assim, as categorias da liberdade e da igualdade, já que o homem não poderia dispor de si se não fosse livre – a liberdade é essa disposição de si como mercadoria – nem poderia celebrar um contrato – esse acordo de vontades – com

---

1989), Bernard Edelman, *O direito captado pela fotografia – elementos para uma teoria marxista do direito* (Coimbra, Centelha, 1976), Márcio Bilharinho Naves, *Marxismo e direito – um estudo sobre Pachukanis* (São Paulo, Boitempo, 2008), Márcio Bilharinho Naves (org.), *O discreto charme do direito burguês – ensaios sobre Pachukanis* (Campinas, IFCH/Unicamp, 2009), Celso Naoto Kashiura Júnior, *Crítica da igualdade jurídica – contribuição ao pensamento jurídico marxista* (São Paulo, Quartier Latin, 2009), Alysson Leandro Mascaro, *Crítica da legalidade e do direito brasileiro* (São Paulo, Quartier Latin, 2008), e Dario Melossi e Massimo Pavarini, *Cárcere e fábrica* (Rio de Janeiro, Revan, 2006).

[8] Cf. Evgeni Pasukanis, *A teoria geral do direito e o marxismo*, cit.

[9] Bernard Edelman, *O direito captado pela fotografia*, cit., p. 95.

[10] Idem, "Esquisses d'une théorie du sujet", *Communications*, n. 26, 1977, p. 195.

O socialismo jurídico

outro homem se ambos não estivessem em uma condição de equivalência formal (caso contrário, haveria a sujeição da vontade de um pela do outro). Como diz Bernard Edelman:

> O essencial são as trocas, e as trocas realizam o homem; as formas jurídicas que são impostas pela circulação são as mesmas formas da liberdade e da igualdade; a forma sujeito desvenda a realidade das suas determinações numa prática concreta: o contrato; a circulação é um processo de sujeitos.[11]

A Engels e Kautsky não escapou a percepção do papel decisivo da categoria da igualdade jurídica e é a isso que eles se referem quando relacionam a concorrência, "forma fundamental das relações entre livres produtores de mercadorias", "niveladora ao extremo", com a igualdade jurídica, que se tornou o "brado de guerra" da burguesia[12].

Não é de surpreender, portanto, que a classe operária, na luta contra a burguesia, ou permanecesse dentro do campo do direito, formulando reivindicações de igualdade, ou construísse projetos utópicos de sociedade, em uma apenas aparente recusa do campo jurídico-político. Dizem Engels e Kautsky:

> Ambas as concepções abstraíam a base histórica à qual deviam a existência; as duas apelavam para o sentimento, uma para o sentimento jurídico, outra para o sentimento de humanidade. Ambas formulavam suas reivindicações como votos piedosos.[13]

Nos dois casos, a rigor, a classe operária exprimia os seus interesses dentro do terreno jurídico, seja por meio de uma alteração no direito existente (reivindicação de igualdade), seja pela elaboração de um novo direito (sociedade utópica). Como lembra Peter Schöttler, "em am-

---

[11] Idem, *O direito captado pela fotografia*, cit., p. 130.

[12] Ver p. 19 desta edição. Sobre a questão da igualdade jurídica, ver o excepcional trabalho de Celso Naoto Kashiura Júnior, *Crítica da igualdade jurídica – contribuição ao pensamento jurídico marxista*, cit.

[13] Ver p. 21 desta edição.

Prefácio

bos os casos se trata ainda de 'votos piedosos'; a ilusão jurídica mantém toda a sua força"[14].

Para que a classe operária possa transformar as relações sociais existentes, é necessário que *rompa com a ideologia jurídica*, pois ela "não pode exprimir plenamente a própria condição de vida na ilusão jurídica", de modo que os trabalhadores possam compreender essas condições na própria realidade, a partir da demonstração de que "todas as representações dos homens – jurídicas, políticas, filosóficas, religiosas etc. – derivam, em última instância, [...] de seu modo de produzir e trocar os produtos"[15].

Ora, a isso se contrapõe todo o esforço dos aparelhos de Estado burgueses, que se encaminha no sentido de encerrar a existência da classe operária e suas lutas no estrito terreno jurídico, ali onde a luta já está, por antecipação, ganha pela burguesia, uma vez que o funcionamento do direito implica obrigatoriamente a reprodução das relações sociais burguesas.

Essa *legalização da luta de classes* significa que as formas de luta do proletariado só são legalmente reconhecidas se observam os limites que o direito e a ideologia jurídica estabelecem. Assim, a greve só se transforma em *direito* de greve se os trabalhadores aceitam os termos que a ela emprestam licitude: a greve não pode desorganizar a produção colocando em risco o processo do capital, questionando, portanto, a dominação burguesa dos meios de produção. Como diz Edelman:

> O direito de greve é um direito burguês. Entendemo-nos: eu não disse que a greve é burguesa, o que não teria sentido, mas o *direito* de greve é um direito burguês. O que quer dizer muito precisamente que a greve só acede à legalidade em certas condições, e que essas condições são as mesmas que permitem a reprodução do capital.[16]

---

[14] Peter Schöttler, "Friedrich Engels and Karl Kautsky...", cit., p. 14.

[15] Ver p. 21-2 desta edição.

[16] Bernard Edelman, *La légalisation de la classe ouvrière*, t. 1: *L'entreprise* (Paris, Christian Bourgois, 1980), p. 52.

O socialismo jurídico

Isso não significa, no entanto, que a classe operária permaneça inteiramente fora do terreno do direito, pois, como afirmam Engels e Kautsky: "toda classe em luta precisa, pois, formular suas reivindicações em um programa, sob a forma de *reivindicações jurídicas*"[17]. Porém, eles próprios nos lembram que uma luta conduzida sob reivindicações jurídicas tem como consequência a consolidação da concepção jurídica de mundo[18].

Toda a complexidade da questão reside em que a classe operária deve apresentar demandas jurídicas *ao mesmo tempo* que deve recusar o campo jurídico. Como solucionar essa contradição? Observemos, inicialmente, que Engels e Kautsky referem-se a reivindicações de classe que só podem ser realizadas quando essa classe alcança o poder político[19], o que quer dizer que elas não se referem às condições atuais, mas às condições futuras de uma nova sociedade. Portanto, não autorizam um projeto reformista fundado no atendimento de demandas jurídicas no quadro da sociedade burguesa, que é justamente a posição do socialismo jurídico.

As reivindicações jurídicas do proletariado devem conter um elemento desestabilizador, que "perturbe" a quietude do domínio da ideologia jurídica. É precisamente a isso que se refere Peter Schöttler quando menciona um texto de Engels no qual ele aponta para a espécie de reivindicação jurídica que o movimento operário pode exprimir: Engels, após analisar a tradicional reivindicação jurídica do movimento sindical em favor de um salário "justo", sugere a sua substituição pela reivindicação da *posse dos meios de produção* pelos trabalhadores[20].

Ora, essa reivindicação é incompatível com o direito burguês, revela os seus limites e demonstra a necessidade da sua abolição[21].

---

[17] Ver p. 48 desta edição.

[18] Idem.

[19] Idem.

[20] Peter Schöttler, cit., p. 22.

[21] A transferência de titularidade não é, evidentemente, incompatível com o direito burguês. Observemos, porém, que Engels e

Prefácio

Mas, além disso, Engels e Kautsky acrescentam que o movimento socialista não elabora *"uma nova filosofia do direito"*, isto é, que não pode existir um "direito socialista", e que o direito burguês perdura na fase da transição socialista até que se extinga a forma valor. Só quando a natureza das relações de produção e o caráter das forças produtivas capitalistas forem *revolucionarizados*, e *as formas mercantis extintas,* só então será possível, como dizia Karl Marx na *Crítica do Programa de Gotha**, *ultrapassar o estreito horizonte do direito burguês* e conhecer, por fim, a liberdade real jamais experimentada, *a liberdade comunista.*

Kautsky não se referem à propriedade, mas à "posse" dos meios de produção, apontando, assim, para uma *condição não jurídica*, absolutamente necessária para a instauração das novas relações sociais, a *apropriação real* dos meios de produção pelos trabalhadores. É por isso que essa reivindicação é incompatível com o direito burguês, porque ela traz em si um elemento que anula a sua natureza jurídica. De modo que, nesse inocente "deslize" jurídico, revela-se a impossibilidade de se sair desse círculo de ferro: uma vez apenas formulada, a reivindicação jurídica simplesmente se despedaça! Sobre a questão da propriedade, da posse e da apropriação real, ver Charles Bettelheim, *Cálculo econômico e formas de propriedade* (Lisboa, Dom Quixote, 1972), Etienne Balibar, "Sobre os conceitos fundamentais do materialismo histórico", em Louis Althusser, Etienne Balibar e Roger Establet, *Ler O capital*, v. II (Rio de Janeiro, Zahar, 1980), e Maria Turchetto, "As características específicas da transição ao comunismo", em Márcio Bilharinho Naves (org.), *Análise marxista e sociedade de transição* (Campinas, IFCH/Unicamp, 2005).

* São Paulo, Boitempo, 2012, p. 31-2. (N. E.)

O SOCIALISMO JURÍDICO

Friedrich Engels e Karl Kautsky

Na Idade Média, a concepção de mundo era essencialmente teológica. A unidade interna europeia, de fato inexistente, foi estabelecida pelo cristianismo diante do inimigo exterior comum representado pelo sarraceno. Essa unidade do mundo europeu ocidental, formada por um amálgama de povos em desenvolvimento, foi coordenada pelo catolicismo. A coordenação teológica não era apenas ideal; consistia, efetivamente, não só no papa, seu centro monárquico, mas sobretudo na Igreja, organizada feudal e hierarquicamente, a qual, proprietária de cerca de um terço das terras, em todos os países detinha poderosa força no quadro feudal. Com suas propriedades fundiárias feudais, a Igreja se constituía no verdadeiro vínculo entre os vários países; sua organização feudal conferia consagração religiosa à ordem secular. Além disso, sendo o clero a única classe culta, era natural que o dogma da Igreja fosse a medida e a base de todo pensamento. Jurisprudência, ciência da natureza e filosofia, tudo se resumia em saber se o conteúdo estava ou não de acordo com as doutrinas da Igreja.

Entretanto, no seio da feudalidade desenvolvia-se o poder da burguesia. Uma classe nova se contrapunha aos grandes proprietários de terras.

Friedrich Engels e Karl Kautsky

Enquanto o modo de produção feudal se baseava, essencialmente, no autoconsumo de produtos elaborados no interior de uma esfera restrita – em parte pelo produtor, em parte pelo arrecadador de tributos –, os burgueses eram sobretudo e com exclusividade produtores de mercadorias e comerciantes. A concepção católica de mundo, característica do feudalismo, já não podia satisfazer à nova classe e às respectivas condições de produção e troca. Não obstante, ela ainda permaneceu por muito tempo enredada no laço da onipotente teologia. Do século XIII ao século XVII, todas as reformas efetuadas e lutas travadas sob bandeiras religiosas nada mais são, no aspecto teórico, do que repetidas tentativas da burguesia, da plebe urbana e em seguida dos camponeses rebelados de adaptar a antiga concepção teológica de mundo às condições econômicas modificadas e à situação de vida da nova classe. Mas tal adaptação era impossível. A bandeira religiosa tremulou pela última vez na Inglaterra no século XVII, e menos de cinquenta anos mais tarde aparecia na França, sem disfarces, a nova concepção de mundo, fadada a se tornar clássica para a burguesia, *a concepção jurídica de mundo*.

Tratava-se da secularização da visão teológica. O dogma e o direito divino eram substituídos pelo direito humano, e a Igreja pelo Estado. As relações econômicas e sociais, anteriormente representadas como criações do dogma e da Igreja, porque esta as sancionava, agora se representam fundadas no direito e criadas pelo Estado. Visto que o desenvolvimento pleno do intercâmbio de mercadorias em escala social – isto é, por meio da concessão de incentivos e créditos – engendra complica-

O socialismo jurídico

das relações contratuais recíprocas e exige regras universalmente válidas, que só poderiam ser estabelecidas pela comunidade – normas jurídicas estabelecidas pelo Estado –, imaginou-se que tais normas não proviessem dos fatos econômicos, mas dos decretos formais do Estado. Além disso, uma vez que a concorrência, forma fundamental das relações entre livres produtores de mercadorias, é a grande niveladora, a igualdade jurídica tornou-se o principal brado de guerra da burguesia. Contribuiu para consolidar a concepção jurídica de mundo o fato de que a luta da nova classe em ascensão contra os senhores feudais e a monarquia absoluta, aliada destes, era uma luta política, a exemplo de toda luta de classes, luta pela posse do Estado, que deveria ser conduzida por meio de *reivindicações jurídicas*.

Mas a burguesia engendrou o antípoda de si mesma, o proletariado, e com ele novo conflito de classes, que irrompeu antes mesmo de a burguesia conquistar plenamente o poder político. Assim como outrora a burguesia, em luta contra a nobreza, durante algum tempo arrastara atrás de si a concepção teológica tradicional de mundo, também o proletariado recebeu inicialmente de sua adversária a concepção jurídica e tentou voltá-la contra a burguesia. As primeiras formações partidárias proletárias, assim como seus representantes teóricos, mantiveram-se estritamente no jurídico "terreno do direito", embora construíssem para si um terreno do direito diferente daquele da burguesia. De um lado, a reivindicação de igualdade foi ampliada, buscando completar a igualdade jurídica com a igualdade social; de outro lado, concluiu-se das palavras de Adam Smith – o trabalho

Friedrich Engels e Karl Kautsky

é a fonte de toda a riqueza, mas o produto do trabalho dos trabalhadores deve ser dividido com os proprietários de terra e os capitalistas – que tal divisão não era justa e devia ser abolida ou modificada em favor dos trabalhadores. Entretanto, a percepção de que relegar o fato apenas ao jurídico "terreno do direito" absolutamente não possibilitava eliminar as calamidades criadas pelo modo de produção burguês-capitalista, especialmente pela grande indústria moderna, levou as cabeças mais significativas dentre os primeiros socialistas – Saint-Simon, Fourier e Owen – a abandonar por completo a esfera jurídico-política e a declarar que toda luta política é estéril.

As duas posições eram igualmente insuficientes, tanto para expressar a situação econômica da classe trabalhadora quanto para estruturar a luta emancipatória dela decorrente. A reivindicação da igualdade, assim como do produto integral do trabalho, perdia-se em contradições insolúveis tão logo se buscava formular seus pormenores jurídicos, e deixava mais ou menos intacto o cerne do problema, a transformação do modo de produção. A rejeição da luta política pelos grandes utópicos era, ao mesmo tempo, rejeição da luta de classes, portanto da única forma de ação possível para a classe cujos interesses defendiam. Ambas as concepções abstraíam a base histórica à qual deviam a existência; as duas apelavam para o sentimento, uma para o sentimento jurídico, outra para o sentimento de humanidade. Ambas formulavam suas reivindicações como votos piedosos, dos quais era impossível dizer por que deviam se realizar justamente agora, e não mil anos antes ou depois.

O socialismo jurídico

A classe trabalhadora – despojada da propriedade dos meios de produção no curso da transformação do modo de produção feudal em modo de produção capitalista e continuamente reproduzida pelo mecanismo deste último na situação hereditária de privação de propriedade – não pode exprimir plenamente a própria condição de vida na ilusão jurídica da burguesia. Só pode conhecer plenamente essa condição se enxergar a realidade das coisas, sem as coloridas lentes jurídicas. A concepção materialista da história de Marx ajuda a classe trabalhadora a compreender essa condição de vida, demonstrando que todas as representações dos homens – jurídicas, políticas, filosóficas, religiosas etc. – derivam, em última instância, de suas condições econômicas de vida, de seu modo de produzir e trocar os produtos. Está posta com ela a concepção de mundo decorrente das condições de vida e luta do proletariado; à privação da propriedade só podia corresponder a ausência de ilusões na mente dos trabalhadores. E essa concepção proletária de mundo percorre agora o planeta.

Compreensivelmente, continua a luta entre as duas concepções; não apenas entre proletariado e burguesia, mas também entre trabalhadores que pensam livremente e aqueles ainda dominados pelas velhas tradições. Em geral, a velha concepção é defendida por políticos vulgares, com os argumentos de costume. Mas agora há também os assim chamados cientistas do direito, que fazem da jurisprudência uma profissão específica[1].

---

[1] Comparar com o artigo de Engels sobre "Ludwig Feuerbach" na *Neue Zeit*, IV, p. 206: "Para os políticos de profissão, para os teóricos do direito público e para os juristas do direito privado, com maior razão perdeu-se a ligação com os fatos econô-

Friedrich Engels e Karl Kautsky

Até agora esses senhores vinham se comportando como cavalheiros envolvidos com o lado teórico do movimento operário. Assim, devemos nos sentir agradecidos porque, finalmente, um verdadeiro professor de direito, o sr. dr. Anton Menger, digna-se a "iluminar os pormenores doutrinários" da história do socialismo do ponto de vista da "filosofia do direito"[2]. Com efeito, até agora os socialistas vêm seguindo um caminho falso. Negligenciaram o assunto crucial: "Somente quando as ideias socialistas [...] se desligarem [...] da infindável discussão *econômico-política* e filantrópica e se converterem em sóbrios conceitos jurídicos" (p. III), somente quando todos os "ornamentos de economia política" (p. 37) forem removidos, poderá ser encetada a "adaptação jurídica do socialismo [...], a mais importante tarefa da filosofia do direito de nosso tempo (p. III).

Ora, as "ideias socialistas" tratam precisamente de relações econômico-políticas, sobretudo da relação entre trabalho assalariado e capital. Ao que parece, portanto, as discussões econômico-políticas são muito mais do que meros "ornamentos".

---

micos. Uma vez que em cada caso isolado os fatos econômicos devem tomar a forma de motivos jurídicos para serem sancionados legalmente, uma vez que, além disso, também deve ser considerado o sistema jurídico já existente – a forma jurídica deve ser tudo, e o conteúdo econômico, nada. Direito público e direito privado devem ser tratados como esferas autossuficientes que têm desenvolvimento histórico independente, e em si mesmas são aptas a uma exposição sistemática –, da qual, aliás, necessitam – por meio da consequente eliminação de todas as suas contradições internas".

[2] Anton Menger, *Das Recht auf den vollen Arbeitsertrag in geschichtlicher Darstellung* (Stuttgart, Cotta, 1886). [Os números de páginas entre parênteses são do original e foram anotados pelos autores (N. E.)]

O socialismo jurídico

Entende-se que a economia também seja ciência e, além disso, algo mais científica do que a filosofia do direito, porque se ocupa de fatos e não, como esta última, de simples representações. Mas, para os juristas profissionais, isso é totalmente indiferente. Para eles, as pesquisas econômicas estão no mesmo plano das declamações filantrópicas. *Fiat justitia, pereat mundus* [Faça-se justiça, ainda que o mundo pereça]*.

Além do mais, os "ornamentos de economia política" de Marx – e para os nossos juristas isto é o mais indigesto – não são meros estudos econômicos. São essencialmente estudos históricos. Demonstram a via do desenvolvimento social do modo de produção feudal da Idade Média até o modo de produção capitalista desenvolvido de hoje, o declínio das antigas classes e dos antagonismos de classe e a formação de novas classes com novos interesses contraditórios, os quais, entre outras coisas, também se exprimem sob a forma de novas reivindicações jurídicas. Parece que também o nosso jurista tem leve suspeita disso, quando descobre, à página 37, que a atual "filosofia do direito [...] é, no essencial, apenas reflexo de situações jurídicas historicamente transmitidas", que poderíamos "chamar de *filosofia do direito burguês*", à qual "se compara no socialismo uma *filosofia do direito das classes populares não proprietárias*".

Mas, se é assim, qual será a razão? De onde vêm, então, os "burgueses" e as "classes populares não proprietárias", cada qual tendo para si uma filosofia do direito específica, correspondente à própria situação de classe? Será do direito ou do desen-

---

* Lema atribuído ao imperador Ferdinando I. (N. E.)

Friedrich Engels e Karl Kautsky

volvimento econômico? E Marx nos terá dito algo diferente disso ao afirmar que as concepções jurídicas de cada grande classe social se regulam pela situação específica de classe? Então Menger será um marxista?

Trata-se só de um engano, do reconhecimento involuntário da força da nova teoria, reconhecimento esse que escapou ao rigoroso jurista e, por isso, vamos apenas registrar o fato. Por outro lado, quando nosso homem do direito se firma no próprio terreno jurídico, despreza a história econômica. A queda do Império Romano é seu exemplo favorito.

"Nunca os meios de produção estiveram tão centralizados", conta-nos ele,

> quanto no tempo em que metade das províncias africanas pertenciam a seis pessoas [...] nunca o sofrimento da classe trabalhadora foi maior do que no tempo em que quase todo trabalhador produtivo era escravo. Então também não faltaram – especialmente entre os padres da Igreja – violentas críticas à situação social existente, as quais se equiparam aos melhores escritos socialistas da atualidade; não obstante, à queda do Império Romano do Ocidente não se seguiu socialismo algum, mas – a ordem jurídica medieval. (p. 108)

E por que foi assim? Porque "a nação não formara uma ideia clara, livre e superior das condições futuras".

O sr. Menger acha que ao tempo da decadência do Império Romano já existiam as precondições econômicas do moderno socialismo, faltando-lhes apenas a formulação jurídica. Por isso, em lugar do socialismo adveio o feudalismo. Assim a concepção materialista da história é levada *ad absurdum* [ao absurdo]!

O que os juristas do Império Romano em decadência preconizavam como o melhor sistema não era o direito *feudal*, mas o romano, o direito de uma sociedade de produtores de mercadorias. Uma vez que o sr. Menger pressupõe serem as representações jurídicas a força motriz da história, o que ele faz aos juristas romanos é a exigência monstruosa de que, ao invés do sistema jurídico da sociedade romana existente, devessem proporcionar exatamente o contrário, a saber, "uma ideia clara, livre e superior" de uma situação social fantástica. Eis a filosofia mengeriana do direito aplicada ao direito *romano*! É francamente desprezível a opinião de Menger de que as condições econômicas para o socialismo nunca tenham sido tão favoráveis como no tempo do Império Romano. Os socialistas, alvo da contestação dele, veem a garantia do êxito do socialismo no desenvolvimento da própria produção. De um lado, por meio do desenvolvimento da mecanização industrial e agrícola em larga escala, a produção se torna cada vez mais social e a produtividade do trabalho, gigantesca; isso estimula a superação das diferenças de classes e a transição da produção de mercadorias em empresas privadas para a produção direta para e pela sociedade. De outro lado, o moderno modo de produção gera a classe que, em medida sempre crescente, tem o interesse e a força para de fato levar avante esse desenvolvimento – um proletariado livre e trabalhador.

Agora, compare-se essa situação com a de Roma imperial, onde não havia produção mecanizada em larga escala nem na indústria nem na agricultura. Certamente encontraremos a concentração da *propriedade* territorial, mas é preciso ser jurista para considerar que isso tenha o mesmo significado que o desenvolvimento do trabalho

Friedrich Engels e Karl Kautsky

industrial social na grande indústria. Se apresentarmos ao sr. Menger três exemplos de propriedade territorial: um proprietário irlandês que possui 50 mil acres, explorados por 5 mil arrendatários em pequenas empresas de dez acres em média; um proprietário escocês que tenha transformado 50 mil acres em um campo de caça; e uma grande fazenda americana de 10 mil acres, na qual se cultive trigo em escala industrial – ele vai declarar que, nos dois primeiros casos, a concentração dos meios de produção está cinco vezes mais avançada do que no último.

Na época imperial, o desenvolvimento da agricultura romana se caracterizava, de um lado, pela expansão da pecuária sobre vastas extensões de terra pelo despovoamento do campo e, de outro, pela pulverização da terra em pequenos arrendamentos entregues a colonos, ou seja, a pequenos camponeses dependentes, precursores dos futuros servos; um modo de produção, portanto, que já continha em si o germe do modo de produção medieval. E por essa razão entre outras, valoroso sr. Menger, "a ordem jurídica medieval" é que sucedeu ao mundo romano. Eventualmente, em províncias isoladas, também existiram grandes empresas agrícolas, mas não produção mecanizada com trabalhadores livres; apenas *economia de "plantation"* com escravos, bárbaros de diversas nacionalidades, que frequentemente não se faziam compreender uns aos outros. Ao lado destes, havia proletários livres, mas não trabalhadores, e sim *lumpemproletários*. Em medida crescente, a sociedade hoje se baseia no trabalho dos proletários, que são cada vez mais imprescindíveis à sua existência; os lumpemproletários romanos eram para-

O socialismo jurídico

sitas, não somente inúteis, mas até mesmo prejudiciais à sociedade e, por isso, sem força concreta.

Mas ao sr. Menger parece que o modo de produção e o povo nunca estiveram tão maduros para o socialismo quanto no tempo do Império! Pode-se notar como é vantajoso deixar de lado, tanto quanto possível, os "ornamentos" econômicos.

Podemos deixar de lado os padres da Igreja, já que o autor não explica no que as suas "críticas à situação existente se equiparam aos melhores escritos socialistas da atualidade". Devemos aos padres muitas informações interessantes sobre a sociedade romana decadente; no entanto, não chegam propriamente a uma crítica, contentam-se somente em condená-la com expressões de tal veemência que, diante delas, a fala mais violenta dos socialistas modernos – e mesmo o berreiro dos anarquistas – parece dócil. Será isso que o sr. Menger considera "superioridade"?

Com o mesmo desprezo pelos fatos históricos que sempre constatamos, Menger diz, à página 2, que as classes privilegiadas recebem seus rendimentos *sem contribuição pessoal à sociedade*. Desconhece totalmente, portanto, que as classes dominantes, na vertente ascendente de seu desenvolvimento, têm funções sociais muito específicas a cumprir, razão pela qual se tornam dominantes. Enquanto socialistas reconhecem a legitimidade histórica temporária dessas classes, Menger declara que a apropriação do excedente é um roubo. Daí se surpreender (p. 122-3) com o fato de tais classes perderem cada vez mais o *poder* de defender o direito a esses rendimentos. Para esse grande pensador, é puro enigma o fato de que tal poder consista no exercício de funções

Friedrich Engels e Karl Kautsky

sociais e desapareça junto com o declínio delas no decurso do desenvolvimento.

Basta. O sr. professor passa agora a tratar o socialismo à maneira jurídico-filosófica, o que significa reduzi-lo a pequenas fórmulas jurídicas, a "direitos fundamentais" socialistas, reedição dos direitos humanos para o século XIX. Esses direitos fundamentais têm, na verdade, "pouca eficácia prática", mas "não deixam de ter utilidade no campo científico" como *"palavras de ordem"* (p. 5-6).

Assim, descemos tanto que só nos restaram *palavras de ordem*. Primeiro, são eliminados a síntese histórica e o conteúdo de todo o movimento, para dar lugar à simples "filosofia do direito", e, em seguida, essa filosofia do direito fica reduzida a palavras de ordem que, confessadamente, não têm nenhum valor prático! Tanto barulho por nada.

O sr. professor revela, então, que *todo o socialismo* se reduz juridicamente a apenas *três* palavras de ordem, a três direitos fundamentais. Ei-los:

1. o direito ao produto integral do trabalho;
2. o direito à existência;
3. o direito ao trabalho.

O direito ao trabalho é apenas reivindicação provisória, "a primeira fórmula desajeitada, que sintetizava as reivindicações revolucionárias do proletariado" (Marx)*, e, portanto, não vem a propósito nesta discussão. Em contrapartida, fica esquecida a reivindicação de *igualdade*, que dominou todo o socialismo revolucionário francês, de Babeuf a Cabet e Proudhon, que o

---

* *Lutas de classes na França de 1848 a 1850* (São Paulo, Boitempo, no prelo). (N. E.)

O socialismo jurídico

sr. Menger, contudo, dificilmente poderia formular em termos jurídicos, embora seja a mais jurídica de todas as mencionadas, ou talvez justamente por isso. Restam como quintessência só as magras propostas 1 e 2, que se contradizem mutuamente, o que Menger finalmente descobre à página 27, sem que isso de modo algum impeça que todo o sistema socialista deva se basear nelas (p. 6). É evidente, porém, que a tentativa de encaixar as diversas doutrinas socialistas dos diferentes países e níveis de desenvolvimento, nesas duas "palavras de ordem" falseia toda a exposição. A especificidade de cada doutrina singular – especificidade que constitui seu significado histórico – não somente é posta de lado como secundária, mas também, por divergir da palavra de ordem e contradizê-la, é diretamente rejeitada como simplesmente falsa.

Neste artigo, trataremos apenas do nº 1, o direito ao produto integral do trabalho.

O direito dos trabalhadores ao produto integral do trabalho, isto é, o direito singular de cada trabalhador ao produto específico do *seu* trabalho, é, nessa definição, nada mais que doutrina proudhoniana.

Algo muito diferente é a reivindicação de que os meios de produção e os produtos devam pertencer à coletividade trabalhadora. Essa reivindicação é comunista e, como Menger reconhece à página 48, ultrapassa a reivindicação nº 1, o que lhe causa não poucos embaraços. Por isso, se vê obrigado a apressadamente torcer e retorcer o direito fundamental nº 1, até que este possa abrangê--la, e a classificar apressadamente os comunistas sob o nº 2. Isso ocorre à página 7. Ele pressupõe

Friedrich Engels e Karl Kautsky

que, após a abolição da produção de mercadorias, esta subsista apesar disso. Ao sr. Menger parece muito natural que também em uma sociedade socialista se produzam *valores de troca*, portanto, mercadorias para vender; que o *preço do trabalho* subsista e que, portanto, a força de trabalho também seja vendida como mercadoria tal como antes. A única questão que lhe interessa é saber se na sociedade socialista o preço histórico e tradicional do trabalho será mantido, embora com aumento, ou se sobrevirá "uma determinação inteiramente nova do preço do trabalho". Na opinião de Menger, nesse último caso a sociedade ficaria ainda mais abalada do que pela introdução da própria ordem social socialista! Essa confusão de ideias se evidencia quando nosso sábio, à página 94, fala de uma *teoria socialista do valor* e imagina, de acordo com um esquema bem conhecido, que a teoria marxiana do valor deva fornecer o critério distributivo à sociedade futura. Sim, na página 56 é explicado que o produto integral do trabalho não é, de forma nenhuma, algo determinado, já que pode ser avaliado pelo menos por três critérios diferentes. Finalmente, às páginas 161 e 162, ficamos sabendo que o produto integral do trabalho é o "princípio natural de distribuição", cuja viabilidade se restringe a uma sociedade baseada na propriedade coletiva, embora de utilização restrita, a uma sociedade, portanto, que atualmente nenhum socialista sequer apresenta como finalidade! Excelente direito fundamental! E excelente filósofo do direito da classe trabalhadora!

Vê-se como ficou fácil para Menger pensar "criticamente" a história do socialismo. Indico três palavras à análise especializada dos senhores, e,

O socialismo jurídico

se elas também não andam de boca em boca[3], são, no entanto, plenamente suficientes para o exame de maturidade a que são submetidos os socialistas. Assim, aqui estão Saint-Simon, Proudhon e Marx, e o modo de identificá-los: correspondem ao nº 1, ao nº 2 ou ao nº 3? Entrem em meu leito de Procusto, e tudo que ultrapassar suas medidas constitui ornamento econômico-político e filantrópico, que eu corto!

O que interessa saber é quem encontrou pela primeira vez esses três direitos fundamentais, outorgados por Menger ao socialismo; aquele que primeiro tiver estabelecido uma dessas fórmulas é o grande homem. Compreende-se que tal coisa não seja possível sem teimosia ridícula, apesar das sábias elaborações de Menger. Assim, ele considera que, para os saint-simonianos, os *oisifs* sejam os proprietários, e os *travailleurs*, a classe trabalhadora (p. 67), quando, na verdade, a ausência da palavra lucro no título do trabalho saint-simoniano – *Les oisifs et les travailleurs* – *Fermages, loyers, intérêts, salaires*[4] (Os ociosos e os trabalhadores – Rendas, aluguéis, juros, salários)* – já lhe deveria ter aberto os olhos. Na mesma página, o próprio Menger cita uma passagem decisiva do [*Le*] *Globe*,

---

[3] Friedrich Schiller, "Die Worte des Glaubens". [Ed. port.: "As palavras da fé", em Manuela Correia (org.), *Rosa do mundo*, Lisboa, Assírio e Alvim, 2001.]

[4] Sob esse título, apareceu em 7 de março de 1831, no *Le Globe*, um artigo de Barthélemy-Prosper Enfantin, que no período de 28 de novembro de 1830 a 18 de junho de 1831 estava sendo impresso no *Le Globe* e em 1831 foi publicado em Paris como livro, sob o título *Economia política e política*.

O *Le Globe* foi um jornal diário, publicado em Paris de 1824 a 1832. A partir de 18 de janeiro de 1831, passou a ser o órgão da escola saint-simoniana.

* Parênteses do original. (N. E.)

o órgão do saint-simonismo, a qual enaltece como benfeitores da humanidade, ao lado dos sábios e dos artistas, os industriais – isto é, *os fabricantes* –, opondo-os aos *oisifs*, e apenas exige a revogação dos tributos pagos a estes, isto é, aos *rentiers*, os que recebem renda, aluguel, juros. O *lucro* ficou excluído dessa enumeração. No sistema saint--simoniano, o fabricante ocupa excelente posição, a de poderoso e bem pago agente social, e para o futuro o sr. Menger faria bem em estudar mais pormenorizadamente essa posição antes de tratá--la de acordo com a filosofia do direito.

À página 73, ficamos sabendo que Proudhon, em *Contradictions économiques*[5], obra "na verdade bastante obscura", prometeu "uma nova solução para o problema social", conservando a produção de mercadorias e a concorrência. O que o sr. professor, em 1886, ainda acha *bastante obscuro*, Marx já desvendara em 1847, demonstrando que se tratava de coisa antiga, e previra a falência de Proudhon, o que presenciamos em 1849[6].

Basta. Tudo o que tratamos até agora é secundário para o sr. Menger e também para o seu público. Se ele tivesse se limitado a escrever uma história

---

[5] Pierre-Joseph Proudhon, *Système des contradictions économiques, ou philosophie de la misère*, T. 1-2 (Paris, Guillaumin et cie, 1846). [Ed. bras.: *Sistema das contradições econômicas ou filosofia da miséria*, v. 1, São Paulo, Ícone, 2003.]

[6] Karl Marx, *Das Elend der Philosophie. Antwort auf Proudhons "Philosophie des Elends"*. [Ed bras.: *A miséria da filosofia – resposta à Filosofia da miséria do sr. Proudhon*, São Paulo, Expressão Popular, 2009.]
Em princípios de 1849, Proudhon abriu, no subúrbio parisiense de St. Denis, um assim chamado Banco Popular. Este deveria, de acordo com os princípios utópicos que desenvolvera, conceder créditos sem juros e ajudar a realizar a colaboração entre proletariado e burguesia, apregoada por ele. Depois de dois meses, o banco já entrava em bancarrota.

O socialismo jurídico

do direito nº 1, seu trabalho teria passado sem deixar vestígios. Isso não passa de um pretexto, cuja finalidade é *criticar Marx*. E é lido apenas porque se refere a Marx. Há muito tempo já não é tão fácil criticá-lo; desde que a compreensão de seu sistema penetrou em círculos mais amplos, os críticos já não podem especular com a ignorância do público. Resta somente um caminho: para derrubar Marx, suas realizações são creditadas a outros socialistas, com os quais ninguém se preocupa, que desapareceram de cena e não têm mais nenhum significado político e científico. Por esse método, espera-se acabar com a concepção proletária de mundo e com o seu fundador. Foi o que fez o sr. Menger. Não se é professor para nada. Quer-se realizar alguma coisa.

A questão é muito simples.

A ordem social atual dá aos proprietários de terras e aos capitalistas o "direito" a uma parte – a maior – dos produtos gerados pelos trabalhadores. O direito fundamental nº 1 diz que esse direito é um não direito; que todo o produto do trabalho cabe aos trabalhadores. Eis o conteúdo pleno do socialismo, tanto mais que o direito fundamental nº 2 não está em questão. Portanto, quem primeiro afirmou que o direito atual do proprietário de terras e de outros meios de produção a uma parte do produto do trabalho é um não direito, esse é o grande homem, o *fundador do socialismo "científico"*! E estes foram *Godwin*, *Hall* e *Thompson*. Depois de pôr de lado todos os infinitos ornamentos de economia política, essa mesma afirmação é o único resíduo jurídico que Menger encontra em Marx. Consequentemente, Marx copiou os antigos ingleses, especialmente Thompson, e escondeu com cuidado a fonte. Como queríamos demonstrar.

Friedrich Engels e Karl Kautsky

Tentamos por todos os meios fazer com que esse obstinado jurista compreendesse que *Marx nunca reivindicou o "direito ao produto integral do trabalho"*, nem jamais apresentou reivindicações jurídicas de qualquer tipo em suas obras teóricas. Nosso jurista parece mesmo ter vaga noção disso quando censura Marx por nunca ter oferecido "uma exposição pormenorizada do direito ao produto integral do trabalho" (p. 98).

O direito jurídico, que apenas reflete as condições econômicas de determinada sociedade, ocupa posição muito secundária nas pesquisas teóricas de Marx; ao contrário, aparecem em primeiro plano a legitimidade histórica, as situações específicas, os modos de apropriação, as classes sociais de determinadas épocas, cujo exame interessa fundamentalmente aos que veem na história um desenvolvimento contínuo, apesar de muitas vezes contraditório, e não simples caos [*Wust*] de loucura e brutalidade, como a via o século XVIII. Marx compreende a inevitabilidade histórica e, em consequência, a legitimidade dos antigos senhores de escravos, dos senhores feudais medievais etc. como alavancas do desenvolvimento humano em um período histórico delimitado; do mesmo modo, reconhece também a legitimidade histórica temporária da exploração, da apropriação do produto do trabalho por outros; mas demonstra igualmente não apenas que essa legitimidade histórica já desapareceu, mas também que a continuidade da exploração, sob qualquer forma, ao invés de promover o desenvolvimento social, dificulta-o cada vez mais e implica choques crescentemente violentos. A tentativa de Menger de encaixar à força em seu estreito leito de Procusto

O *socialismo jurídico*

jurídico essas pesquisas históricas, que marcaram época, só demonstra sua total incapacidade de compreender tudo aquilo que ultrapasse o estreito horizonte jurídico. Tal como formulado por Menger, o direito fundamental nº 1 absolutamente não existia para Marx.

Mas aí vem ele!

O sr. Menger descobriu em Thompson a palavra mais-valor, "surplus value". Assim, sem dúvida, Thompson é o descobridor do mais-valor, e Marx apenas um mísero plagiador:

> Reconhecemos imediatamente na visão de Thompson a linha de raciocínio e mesmo o modo de expressão que reencontraremos mais tarde em muitos socialistas, especialmente em *Marx* e *Rodbertus*. (p. 53)

Thompson é, pois, sem dúvida, o "eminente fundador do socialismo científico". E em que consiste esse socialismo científico?

> (A concepção) de que a renda da terra e o lucro do capital sejam parcelas deduzidas do produto integral do trabalho pelos proprietários da terra e do capital de modo algum é o *socialismo propriamente*, visto que muitos representantes da economia política burguesa partem da mesma opinião, como Adam Smith. Thompson e seus seguidores são *originais apenas* porque consideram que a renda da terra e o capital são extrações *injustas*, que se contrapõem ao direito dos trabalhadores e ao produto integral do trabalho. (p. 53-4)*

Assim, o socialismo científico não consiste em revelar um fato econômico – pois, segundo Menger, os economistas anteriores já se haviam ocupado disso –, mas simplesmente em declará-lo *injusto*. Eis o ponto de vista do sr. Menger. Se, de fato, os socialistas tivessem se esforçado tão pouco, poderiam ter saído de cena há muito tempo, e o

---

* Trecho entre parênteses incluído por Friedrich Engels e Karl Kautsky. (N. E.)

Friedrich Engels e Karl Kautsky

sr. Menger teria sido poupado dessa ridícula situação jurídico-filosófica. Mas é isso que ocorre quando se reduz um movimento histórico-mundial a palavras de ordem jurídicas de algibeira.

Mas e quanto ao mais-valor roubado de Thompson? O caso é o seguinte.

Thompson indaga em seu *An Inquiry into the Principles of the Distribution of Wealth* etc., capítulo 1, seção 15,

> que proporção do produto de seu trabalho, os trabalhadores devem ("ought", literalmente "ser devedor", portanto, "devem de direito") pagar pelo artigo chamado capital aos proprietários deste, chamados capitalistas?

Os capitalistas dizem que "sem esse capital, sem maquinaria, matéria-prima etc., o simples trabalho seria improdutivo e, por isso, é apenas justo que o trabalhador pague alguma coisa por utilizá--los". E Thompson prossegue:

> Sem dúvida, o trabalhador deve pagar algo pela utilização do capital quando é infeliz o bastante para não o possuir pessoalmente; a questão é quanto do produto de seu trabalho deve ("ought") ser descontado por tal utilização. (p. 128 da edição de 1850)

Isso nem de longe se assemelha ao "direito ao produto integral do trabalho". Ao contrário, Thompson considera perfeitamente correto que o trabalhador ceda uma parte do produto de seu trabalho pelo uso do capital emprestado. A única questão que se põe é: quanto? E para isso há "dois critérios, o dos trabalhadores e o dos capitalistas". E qual é o critério dos trabalhadores?

> O pagamento de uma soma que reembolse o desgaste do capital ou o valor dele, se for totalmente consumido; além disso, uma *remuneração adicional* suficiente para que o seu proprietário e administrador ("superintendent") se mantenha *de forma tão confortável quanto* o trabalhador produtivo realmente mais diligente ("more actively employed")!

O socialismo jurídico

Eis, segundo Thompson, a reivindicação dos trabalhadores, e quem não reconheça imediatamente "a linha de raciocínio e mesmo o modo de expressão reencontrado em Marx" é reprovado sem misericórdia no exame de filosofia do direito do sr. Menger.

Mas o mais-valor – onde fica o mais-valor? Paciência, caro leitor, estamos chegando lá.

> O critério do capitalista deveria ser o *valor adicional produzido* pela mesma quantidade de trabalho *devido ao uso da maquinaria* ou de outro capital; de sorte que os capitalistas merecem *todo esse mais-valor*, por sua inteligência superior e sua habilidade, em virtude das quais acumulou seu capital e o adiantou, ou o seu uso, aos trabalhadores. (Thompson, p. 128)

Essa passagem, tomada de modo literal, é totalmente incompreensível. Sem meios de produção, nenhuma produção é possível. Mas aqui é atribuída aos meios de produção a forma de capital, isto é, propriedade de capitalistas. Portanto, sem a "utilização de maquinaria ou de outro capital", o trabalhador não produz absolutamente nada, é impossível a ele produzir. Mas, produzindo com a utilização de capital, então, sua produção *toda* seria o que foi chamado de mais-valor. Continuemos a examinar. À página 130, Thompson dá a palavra aos próprios capitalistas:

> Antes da invenção da maquinaria, antes do estabelecimento das manufaturas e fábricas, qual era o valor do produto obtido pela força desamparada do trabalhador? No futuro, este deve continuar a gozar desse valor [...], mas o construtor dos edifícios ou da maquinaria, ou quem os tenha adquirido através de troca voluntária, deve ser remunerado com todo o mais-valor das mercadorias fabricadas.

E assim por diante.

O capitalista de Thompson se limita a expressar a ilusão cotidiana do fabricante, de que o tra-

Friedrich Engels e Karl Kautsky

balhador, com a ajuda da maquinaria etc., produz em uma hora de trabalho um *valor* maior do que o simples trabalhador manual produzia no mesmo tempo de trabalho, antes da invenção da maquinaria. Essa ilusão é alimentada pelo "mais-valor" *extraordinário*, apropriado pelo capitalista que introduz uma máquina recém-inventada em um ramo até então dominado pelo trabalho manual, e a monopoliza, talvez em conjunto com alguns outros capitalistas. Nesse caso, o preço do produto manual determina o preço de mercado de todos os produtos desse ramo industrial; o produto industrializado custa, talvez, apenas a quarta parte do trabalho, o que deixa ao fabricante um "mais-valor" de 300% sobre o preço de custo.

Naturalmente, a generalização da nova máquina logo põe fim a essa espécie de "mais-valor"; mas então, à medida que o produto industrializado passa a determinar o preço de mercado, e esse preço lentamente desce cada vez mais ao nível do valor real do produto industrializado, o capitalista vê que igualmente decai o preço do produto manual abaixo de seu antigo valor, e, portanto, o trabalho industrial, diante do trabalho manual, sempre produz certo "mais-valor". Thompson põe toda essa ilusão vulgar na boca de seu fabricante. Mas, à página 127, declara direta e explicitamente quão pouco ele mesmo dela compartilha: "As matérias-primas, os edifícios, o salário, nada disso pode acrescentar coisa nenhuma a seu próprio valor; o valor adicional vem exclusivamente do trabalho".

Diante disso, pedimos desculpas a nossos leitores por registrarmos mais uma vez, exclusivamente para o sr. Menger, que esse "valor adicional" de Thompson não é de modo algum o mais-valor

O *socialismo jurídico*

marxiano, mas sim *todo* o valor acrescentado pelo trabalho à matéria-prima, ou seja, a soma do valor da força de trabalho e do mais-valor no sentido marxiano.

Só agora, depois desses inevitáveis "ornamentos de economia política", podemos apreciar plenamente a ousadia com que o sr. Menger diz, à página 53, que

> Na opinião de Thompson [...] os capitalistas consideram [...] *esta* diferença, entre a *necessidade vital do trabalhador* e o rendimento real de seu trabalho tornado produtivo pela máquina e por outros gastos de capital, como o mais-valor (surplus value, additional value) que cabe aos proprietários da terra e do capital.

Essa deve ser a "livre" reprodução alemã da passagem (p. 128) de Thompson que transcrevemos acima. Mas os capitalistas de Thompson se referem à diferença entre produtos da mesma quantidade de trabalho (the same quantity of labour), conforme seja realizado utilizando-se ou não capital, à diferença entre os produtos da mesma quantidade de trabalho manual e de trabalho industrial. O sr. Menger só pode contrabandear a "necessidade vital dos trabalhadores" falseando diretamente Thompson.

Em síntese, o "mais-valor" dos capitalistas thompsonianos não é o "mais-valor" nem o "valor adicional" de Thompson; tampouco nenhuma dessas é o "mais-valor" do sr. Menger; e muito menos ainda qualquer das três é o mais-valor de Marx.

Mas isso nem sequer embaraça o sr. Menger, que prossegue à página 53: "Renda da terra e lucro do capital nada mais são, afinal, do que deduções do produto total do trabalho, em detrimento do trabalhador, que os proprietários da terra e do capital estão em condições de fazer devido à posição de poder que a lei lhes confere" – frase cujo teor já estava inteiramente contido em Adam Smith – e proclama triunfante: "Nessa concepção de *Thompson* reconhecemos imediatamente a linha de raciocínio, e mesmo o modo de expressão, que reencontraremos mais tarde em muitos socialistas, especialmente em *Marx* e *Rodbertus*".

Em outras palavras, o sr. Menger descobriu em Thompson a palavra "surplus value" (e também "additional value"), mais-valor, e mediante a substituição direta de uma pela outra pôde ocultar que "surplus value" e "additional value" têm para Thompson significados totalmente diferentes, ambos completamente distintos do sentido em que Marx emprega a expressão mais-valor.

Eis todo o conteúdo da grande descoberta de Menger! Que resultado lastimável em face da pomposa declaração do prefácio:

> Neste escrito, apresentarei as provas de que *Marx* e *Rodbertus* copiaram suas mais importantes teorias socialistas de velhos teóricos ingleses e franceses, sem citar as fontes de suas concepções.

Como claudica tristemente agora a comparação que precede tal declaração:

> Se alguém, trinta anos depois da publicação da obra de Adam Smith sobre a riqueza das nações, 'descobrisse' novamente o princípio da divisão do trabalho, ou se hoje um escritor expusesse, como sua propriedade intelectual, a teoria da evolução de Darwin, seria considerado um *ignorante* ou um *charlatão*. Pesquisas bem-sucedidas dessa espécie só são concebíveis no campo da ciência social, que ainda carece quase completamente de tradição histórica.

Observamos que Menger continua acreditando que Adam Smith "descobriu" a divisão do trabalho, quando Petty já havia desenvolvido inteiramente esse ponto oitenta anos antes de Smith.

O socialismo jurídico

Mas a referência de Menger a Darwin embaralha razoavelmente a questão. No século VI antes de nossa era, o filósofo jônico Anaximandro já expunha a concepção de que o homem se desenvolvera a partir do peixe. Como se sabe, essa é também a opinião da ciência natural evolucionista de hoje. Mas, se alguém se apresentasse declarando que ali já se reconhece a linha de raciocínio e mesmo o modo de expressão de Darwin, que este se limitou a plagiar Anaximandro, ocultando com cuidado sua fonte, estaria procedendo em relação a Darwin e Anaximandro do mesmo modo que o sr. Menger efetivamente procede em relação a Marx e Thompson. O sr. professor tem razão – "Apenas no campo da ciência social" se pode contar com tal ignorância, que torna "concebível que pesquisas dessa espécie sejam bem-sucedidas".

Entretanto, já que ele insiste tanto na palavrinha "mais-valor", sem atentar para o conceito que ela encerra, revelemos a esse grande conhecedor da literatura socialista e econômica o segredo de que não só o termo surplus produce [produto excedente] aparece em Ricardo (no capítulo sobre o salário[7]), como também a expressão plus-value – ao lado da expressão mieux-value [mais-valor], usada por Sismondi – desde tempos imemoriais é empregada na França, no comércio em geral, para designar qualquer aumento de valor que nada custe aos proprietários de mercadorias. Depois disso, permitimo-nos questionar se a descoberta de Menger da descoberta do mais--valor por Thompson, ou melhor, pelos capita-

---

[7] David Ricardo, *The Principles of Political Economy and Taxation* (Dover, Londres, 1817), p. 90-115.

Friedrich Engels e Karl Kautsky

listas thompsonianos, também guardaria validade apenas no âmbito da filosofia do direito.

O sr. Menger, contudo, ainda está longe de haver terminado a respeito de Marx. Vejamos: "É característico que Marx e Engels venham *citando falsamente*, há quarenta anos, essa *obra fundamental* do socialismo inglês" (a saber, Thompson) (p. 50).

Marx, não satisfeito em ocultar sua musa secreta durante quarenta anos, precisou também a citar falsamente! E não apenas uma vez, mas por quarenta anos. E não apenas Marx, mas também Engels! Que amontoado de infâmias premeditadas! Pobre Lujo Brentano, você que durante vinte anos procurou em vão por uma única citação falsa de Marx, você que, com tal discurso demagógico, não apenas sujou as próprias mãos, como fez cair em desgraça seu crédulo amigo Sedley Taylor, em Cambridge[8], como isso pôde lhe escapar, Lujo? E em que consiste a horrenda e, ainda por cima, "característica" falsificação, mantida de forma tão fir-

---

[8] Na década de 1870, o economista inglês Lujo Brentano conduziu uma campanha anônima de difamação contra Marx, na qual o acusava de falsear conscientemente uma citação da fala de Gladstone de 16 de abril de 1863. A frase em questão, da exposição de Gladstone, podia ser lida em 17 de abril de 1863 nas reportagens de quase todos os jornais londrinos (*The Times, The Morning Star, Daily Telegraph*, entre outros) sobre essa sessão parlamentar, mas foi suprimida na edição oficial do *Hansard* do debate parlamentar, cujo texto fora censurado pelo próprio orador. Na sua polêmica, Brentano, baseado nisso, acusou Marx, que citara a partir da reportagem do jornal, de falsificação e insuficiência científica. Marx respondeu a essa calúnia em duas cartas à redação do *Volksstaat*, de 23 de maio e 28 de junho de 1872. Depois da morte de Marx, o economista inglês burguês Taylor repetiu a mesma acusação em novembro de 1883. Essa versão da pretensa falsificação da citação foi contestada por Eleanor Marx em fevereiro e março de 1884, em duas cartas à revista *To-day* e, mais tarde, por Engels, em junho de 1890, no prefácio à quarta edição alemã de *O capital*, bem como na brochura *Sobre a questão Brentano contra Marx...*

O socialismo jurídico

me por quarenta anos, que, graças à malévola colaboração de Engels, igualmente durante quarenta anos, tomou depois o caráter de complô criminoso? *"Citam falsamente, pois datam a primeira edição do ano de 1827!"* E o livro fora editado já em 1824!

"Característico" de fato – para o sr. Menger. Contudo, essa não é nem de longe a única – atenção, Lujo! –, não é a única citação falsa de Marx e Engels, que parecem ser profissionais da citação falsa – talvez também profissionais da confusão? Na *Misère de la philosophie**, publicada em 1847, Marx confundia *Hodgskin* com *Hopkins*. Quarenta anos depois (menos de quarenta anos não interessam a esses dois maliciosos), Engels cometeu o mesmo erro no prefácio da tradução alemã da *Misère*[9]. Com tal sensibilidade para erros de impressão e escrita, foi realmente um prejuízo para a humanidade que o sr. professor não tenha se tornado revisor. Mas não, precisamos retirar esse cumprimento. O sr. Menger não serve para revisor, pois também ele transcreve errado, isto é, cita falsamente. Tal lhe acontece não apenas

---

* Karl Marx, *A miséria da filosofia*, cit. (N. E.)

[9] Na segunda edição alemã de *A miséria da filosofia*, publicada em 1892, Engles substituiu o nome Hopkins, citado por Marx em 1847, por Hodgskin e chamou a atenção para tal ajuste na nota prévia a essa edição. Os volumes citados trazem, relativamente à indicação de Marx na primeira edição francesa de 1847, o nome Hopkins, visto que nos anos 1820 foram publicados escritos econômicos tanto de Thomas Hopkins quanto de Thomas Hodgskin, e Marx não citou o título correto dos escritos que mencionou em sua obra. Em 1822, apareceu em Londres um trabalho redigido por Thomas Hopkins, *Economical Enquiries Relative to the Laws which Regulate Rent, Profit Wages, and the Value of Money*. Em 1827, apareceu uma obra de Thomas Hodgskin com o título *Popular Political Economy...* Engels corrigiu também, na edição supracitada, o ano de publicação da obra de Thompson, citado incorretamente na primeira edição de 1847.

Friedrich Engels e Karl Kautsky

com títulos ingleses, mas também com alemães. Por exemplo, refere-se à "tradução de Engels desse trabalho", a saber, a *Misère*. De acordo com o frontispício do livro, não foi Engels que fez a tradução. No prefácio correspondente, Engels cita *literalmente* a passagem de Marx sobre Hopkins e, assim, viu-se obrigado a transcrever o erro também, sob pena de citar Marx falsamente. No entanto, para o sr. Menger, essas duas pessoas nunca acertam.

Basta com essa bagatela em torno da qual nosso filósofo do direito gira com tanto prazer. É "característico" desse homem e de todos os da sua espécie, homem que somente através de Marx tomou conhecimento de toda essa literatura – ele não cita nenhum inglês que Marx já não tenha citado, com exceção de um Hall e de pessoas mundialmente conhecidas, como Godwin, sogro de Shelley –, que ele se comprometa em demonstrar que conhece dois ou três livros a mais do que Marx conhecia "há quarenta anos", em 1847. Quem, tendo nas mãos o título das obras citadas por Marx e com os atuais recursos e comodidades do Museu Britânico, não tiver nenhuma outra descoberta a fazer nesse ramo, além de que a *Distribution* de Thompson foi publicada em 1824 e não em 1827, realmente não deve se vangloriar de erudição bibliográfica.

O que vale para muitos outros reformadores sociais de nosso tempo vale também para o sr. Menger: grandes palavras e parcos fatos – se é que há algum. Prometeu provar que Marx é plagiador, e demonstrou que uma *palavra*, "mais-valor", já fora usada antes de Marx, embora em outro sentido!

O *socialismo jurídico*

É o que ocorre também com o socialismo jurídico do sr. Menger. No prefácio, o sr. Menger declara ver na "reformulação jurídica do socialismo" a "mais importante tarefa da filosofia do direito de *nosso tempo*".

Sua correta realização trará uma essencial contribuição para que as imprescindíveis modificações da nossa ordem jurídica se efetuem por meio de reforma pacífica. Somente quando as ideias socialistas se converterem em princípios jurídicos sensatos os estadistas serão capazes de reconhecer a extensão das alterações necessárias na ordem jurídica vigente, no interesse da sofrida massa popular.

Pretende realizar essa transformação apresentando o socialismo como um sistema jurídico.

E quando se fará tal reformulação jurídica do socialismo? Nas "Considerações finais" podemos ler: "Não há dúvida alguma de que a elaboração de um sistema jurídico totalmente baseado nesses conceitos jurídicos fundamentais" (direitos fundamentais nos 1 e 2) *"caberá a um futuro distante"* (p. 163).

Aquela que, no prefácio, era a tarefa mais importante "de nosso tempo" é relegada, na conclusão, a um "futuro distante".

As mudanças necessárias (da ordem jurídica vigente) se realizarão no decorrer de longo desenvolvimento histórico, do mesmo modo que a nossa atual ordem social desagregou e destruiu o sistema feudal no decurso dos séculos, *até que finalmente só foi necessário um empurrão para que ele se autoabolisse inteiramente.* (p. 164)*

Muito bem-dito, mas qual o papel da filosofia do direito, se o "desenvolvimento histórico" da sociedade realiza as mudanças necessárias? No prefácio são os juristas que prescrevem o caminho para o desenvolvimento social; agora, quando o jurista deve tomar a palavra, perde a coragem e

---

* Parênteses de Friedrich Engels e Karl Kautsky. (N. E.)

balbucia algo sobre o desenvolvimento histórico, que faz tudo por si só. "Mas o nosso desenvolvimento social tende para a realização do direito ao produto integral do trabalho ou se contrapõe ao direito ao trabalho?"

O sr. Menger declara não saber. Desdenhosamente, descarta agora seus "direitos fundamentais" socialistas. No entanto, se esses direitos fundamentais nem sequer estão em condições de produzir alguma eficácia, se eles não determinam nem realizam o desenvolvimento social, mas são determinados e realizados por este, para que então esse esforço de reduzir todo o socialismo a direitos fundamentais? Para que o esforço de despir o socialismo de seus "ornamentos" econômicos e históricos, se posteriormente ficamos sabendo que os "ornamentos" constituem seu real conteúdo? Por que nos é comunicado apenas ao final que toda a pesquisa não tinha nenhuma finalidade, já que o objetivo do movimento socialista não pode ser conhecido por meio da transformação das ideias socialistas em sensatos conceitos jurídicos, mas somente por meio do estudo do desenvolvimento social e de suas causas motoras?

A sabedoria do sr. Menger chega finalmente ao ponto em que declara não poder dizer qual a tendência que o movimento social assumirá, mas uma coisa é certa, não se deve "acentuar *artificialmente* os defeitos de nossa atual ordem social" (p. 166) e, para impossibilitar o ulterior agravamento desses defeitos, Menger recomenda o – *livre comércio*, bem como evitar o *endividamento* posterior por parte do estado e dos municípios!

Esses conselhos formam todo o resultado concreto da filosofia do direito de Menger, apresen-

O socialismo jurídico

tada com tanto alarde e autoelogio! Pena que o sr. professor não nos revele o segredo de como os estados e municípios modernos podem deixar de "contrair dívidas públicas e comunais". Se conhecesse esse segredo, não o poderia guardar para si. Sua "ascensão" à cadeira ministerial seria facilitada ainda mais rapidamente do que se sua "filosofia do direito" obtivesse resultados.

Qualquer que seja a acolhida que essa "passagem decisiva" venha a encontrar, em todo caso cremos poder assegurar que os socialistas do presente e do futuro dispensam todos os direitos fundamentais do sr. Menger, ou renunciam à tentativa de disputar com ele esse seu "produto integral do trabalho".

Isso naturalmente não significa que os socialistas renunciem a propor *determinadas reivindicações jurídicas*. É impossível que um partido socialista ativo não as tenha, como qualquer partido político em geral. As reivindicações resultantes dos interesses comuns de uma classe só podem ser realizadas quando essa classe conquista o poder político e suas reivindicações alcançam validade universal sob a forma de leis. Toda classe em luta precisa, pois, formular suas reivindicações em um programa, sob a forma de *reivindicações jurídicas*. Mas as reivindicações de cada classe mudam no decorrer das transformações sociais e políticas e são diferentes em cada país, de acordo com as particularidades e o nível de desenvolvimento social. Daí decorre também o fato de as reivindicações jurídicas de cada partido singular, apesar de concordarem quanto à finalidade, não serem completamente iguais em todas as épocas e entre todos os povos. Constituem elemento variável e são

Friedrich Engels e Karl Kautsky

revistas de tempos em tempos, como se pode observar nos partidos socialistas de diversos países. Para essas revisões, são as *relações reais* que devem ser levadas em conta; em contrapartida, não ocorreu a nenhum dos partidos socialistas existentes fazer uma nova filosofia do direito a partir do seu programa, e possivelmente não lhes ocorrerá no futuro. O que o sr. Menger perpetrou nesse campo pode, ao menos, servir de lição.

Esse é o único aspecto positivo de seu trabalho.

CARTAS DE ENGELS
A LAURA LAFARGUE

Londres, 2 de novembro de 1886

Minha querida Laura, sinto muito que você tenha tido o trabalho de fazer extratos do palavreado de Menger. O sujeito é simplesmente um arrivista. Ele sabe que, quanto mais carregar nas cores, tanto mais favoráveis lhe serão as chances de fazer carreira. Aqui já recebemos o livro, e darei a Kautsky indicações suficientes para que ele possa despachar o sujeito insolente. A posição de Menger é tão manifestamente ridícula que não seria aceita em lugar nenhum, exceto nos jornais nacional-liberais, nos quais, evidentemente, esse tipo de coisa nos vai ser sempre reapresentada, mas isso é absolutamente insignificante. O espectro de Rodbertus era muito mais sério, e nós já o destroçamos tão completamente que, nesse meio tempo, ele ficou totalmente esquecido.

Acho que nem Hyndman sequer ousará explorar isso; no máximo, talvez, em medida insignificante.

Agora preciso começar a escrever o prefácio[1], pois S. S[onnenschein] und Co.* já perguntam por ele, ao que parece, como se a coisa já estivesse chegando ao fim!

Com a mais sincera simpatia,

Seu,

F. E.

---

[1] Prefácio à edição inglesa do primeiro volume d'*O capital*.

* Casa editorial responsável pela publicação do trabalho. (N. E.)

Cartas de Engels a Laura Lafargue

Londres, 24 de novembro de 1886

Minha querida Laura,

Espero que você tenha recebido a carta que chegou da América e que lhe enviei ontem. Hoje posso cumprir minha palavra e escrever. Nosso pessoal encontrou realmente um momento oportuno para viajar, ele coincide com a época em que, pela primeira vez na América, surge um verdadeiro partido dos trabalhadores; e coincide com o Henry-George-*Boom* em Nova York, o que na prática foi uma sorte enorme. Mestre George é alguém muito confuso e, já que é ianque, tem o próprio remédio, que não é exatamente excelente, mas essa confusão é expressão muito clara do estágio atual de desenvolvimento do pensamento da classe trabalhadora anglo-americana, e nós não podemos esperar da massa americana, em prazo de seis a oito meses – tempo de existência desse movimento – que ela seja teoricamente perfeita. Tendo em vista que os alemães da América não constituem, de modo algum, bom e fiel retrato dos trabalhadores da Alemanha, mas, antes, elementos que ficaram excluídos do movimento na terra natal – lassallianos, ambiciosos frustrados, sectários de todo tipo –, em todo o caso, não me incomodo que os americanos comecem independentemente deles, ou da direção deles ao menos. Os alemães podem e vão agir como fermento e, ao mesmo tempo, vão experimentar boa parte da fermentação útil e necessária. Os Knights of Labor*

---

* A Ordem dos Cavaleiros do Trabalho (Order of the Knights of Labor), fundada em 1869, na Filadélfia, foi uma organização

O socialismo jurídico

constituem o ponto de partida inevitável na América. Eles são uma força verdadeira e com certeza representarão a primeira forma do movimento. Sua organização ridícula e seu líder muito pouco sério – acostumados aos métodos do corrupto sistema partidário americano – provocarão muito rapidamente uma crise interna nessa associação e, logo, uma organização adequada e eficaz poderá se desenvolver. Acho que tudo isso não durará muito na terra dos ianques, o estágio decisivo foi alcançado, daqui para a frente a aparição política da classe trabalhadora como partido independente está assegurada.

Da América à Rússia *il n'y a qu'un pas* [é só um passo]. No verão passado, Tussy me contou que Lawrow lhe pedira para escrever algo sobre Lopatin, e gostaria de me pedir para fazer o mesmo, pois queria publicar algo sobre ele. Eu disse a ela que, até onde sabia, L[opatin] ainda aguardava processo; que, nessas circunstâncias, Lawrow certamente não deveria publicar nada que pudesse piorar sua situação; ela devia, pois, escrever-lhe novamente, para saber como estavam as coisas (pois eu quase tive de admitir que Lawr[ow] fora informado de que Lopatin estava morto) e o que eu devia escrever sobre ele. Desde então, não voltei a ouvir nada a respeito. Neste momento, deduzo dos jornais que é iminente novo processo niilista em Petersburgo. Pelo modo como essas coisas são relatadas, provavelmente também atinge Lopatin, se ele ainda estiver vivo. Você poderia

---

de operários norte-americanos não qualificados que permaneceu secreta até 1878. Começou a perder influência ao opôr-se à luta política e à participação de seus membros na greve de 1886, chegando ao fim na década de 1890. (N. E.)

Cartas de Engels a Laura Lafargue

fazer a gentileza, caso veja novamente Lawrow, de lhe perguntar como estão as coisas e o que ele acha que devo fazer quanto a Lop[atin], pois estarei sempre disposto a contribuir com meu testemunho para a confirmação e o reconhecimento dos grandes serviços que ele prestou às coisas, sob o suposto de que eu saiba o necessário e qual é a situação dele no momento.

Graças à estupidez de todos os seus rivais e adversários, a Federação Social-Democrata começa a ser uma força. O governo a preservou de um *four* [fiasco], ao proibir a passeata no Dia do Prefeito, e proporcionou-lhe assim aparente triunfo, ao permitir que realizasse, na mesma noite, um suposto comício na Trafalgar Square. E quando, depois, a Federação Social-Democrata convocou um comício para o domingo passado na Trafalgar Square, o mesmo governo fez disso um triunfo verdadeiro, já que primeiro anunciou que levaria a artilharia, pronta para entrar em ação, em St. James Park, e depois revogou tal plano ridículo. Assim, esse comício – o primeiro cujo decorrer calmo e pacífico fora anunciado pela Federação Social-Democrata – foi exagerado pelo governo como grande acontecimento; mas, uma vez que ele decorreu calma e pacificamente, o burguês e o filisteu constataram que a Federação Social-Democrata, seja qual for sua força, dispõe de muitos seguidores. O fato é que a Liga Socialista está demasiadamente enfronhada na discussão de seus próprios estatutos com os membros anarquistas para ter tempo de dar uma olhada nos acontecimentos exteriores à Farrington Road nº 18. Como os clubes radicais do East End não tomam mesmo nenhuma inicia-

O socialismo jurídico

tiva com relação aos desempregados, a Federação Social-Democrata não tem nenhum concorrente, está sozinha no campo e trata dessa questão, que se repõe a cada inverno, do modo que bem entende. Além disso, nos últimos tempos, teve um comportamento incontestavelmente mais razoável – nos últimos tempos, isto é, nos últimos catorze dias. É claro que ninguém pode dizer quanto isso vai durar. Hyndman *est capable de tout* [é capaz de tudo].

Esse professor Menger, que, com sua insolente impertinência, parece ter amedrontado as pessoas em todo o continente, é um arrivista bastante ordinário, que ambiciona o Ministério da Justiça. Eu dei a K[autsky] os materiais necessários e, em parte, tanto quanto foi preciso, eu mesmo os elaborei; se houver tempo, ele receberá a resposta que lhe cabe já no primeiro número da *N[eue] Z[eit]* de janeiro de [18]87. Naturalmente, os jornais liberais fizeram um barulho medonho em torno de suas revelações, como o haviam feito também em torno das de Vogt. Só que os tempos mudaram e agora nós podemos revidar com eficácia. A conspiração da imprensa burguesa de 1859 contra nós foi mil vezes mais eficaz do que as infames leis socialistas de Bismarck.

Você não pode nem imaginar como estou feliz pelo fato de o livro estar finalmente impresso. Foi impossível, nesse período, fazer qualquer outra coisa. Os preparativos foram necessariamente muito complicados; foi preciso enviar as provas a Eduard, a Moore e a mim, o que, como é natural, causou demora e contínuas pressões por parte de S. S[onnenschein] und Co. Além disso, como descobri recentemente, o livro foi impresso

Cartas de Engels a Laura Lafargue

em – *Perth*![2]; e, ainda por cima, o trabalho deslei-xado demais do escritório de S. S[onnenschein] und Co., pelo qual tudo teve de passar. Por fim, a história de sempre, descuido e demora por parte da tipografia no verão e, em fins de setembro, a maior correria – justamente quanto à parte do manuscrito que exigia a mais cuidadosa revisão – e a contínua tentativa de atribuir o atraso a nós. No ramo de editoração, a grande indústria pode ser boa para revistas, romances e literatura cotidiana, mas não é adequada para trabalhos como esse, a não ser que o manuscrito esteja perfeito em todos os detalhes, senão o autor se dana!

E em que pé está a viagem de vocês, sua e de Paul, para Londres? Tussy partirá de New York a 25 de dezembro, no feriado de Natal, portanto estará aqui aproximadamente a 6 de janeiro. Mas isso não é motivo para que vocês demorem tanto; pelo contrário, nós esperamos que passem o Natal aqui. Desta vez Paul não tem desculpa alguma e eu também não aceitaria nenhuma; na França está tudo calmo, nenhum processo, nenhuma condenação à prisão, nenhuma grande assembleia, nenhuma agitação, e está inteiramente fora de questão que durante *la saison des étrennes* [os feriados] aconteça alguma coisa. E você, depois de ter deixado passar o verão e o outono, terá de se contentar com o nevoeiro – você não tem um pouco de saudade dele? Ademais, por enquanto nós consideramos o nevoeiro muito razoável, pois entre nós está claro e iluminado, enquanto que, desde segunda-feira, não apenas a cidade, mas também Kilburn estão escuros e nublados.

---

[2] Cidade do centro da Escócia localizada às margens do rio Tay.

O socialismo jurídico

Portanto, decidam-se, e façam-nos saber quantos dias antes do Natal vocês aparecerão aqui. Nim já se impacienta muito e é capaz de ir até aí buscá-los se vocês se atrasarem de novo.

E com isso eu termino.

Com simpatia, teu

F. E.

Ilustração da série "Les Gens de Justice", de Honoré Daumier (1808-1879).

ÍNDICE ONOMÁSTICO

ANAXIMANDRO (c. 610-547 a. C.) – filósofo pré-socrático, discípulo de Tales de Mileto. 41

BABEUF, François Noël (Gracchus Babeuf) (1760-1797) – jornalista e revolucionário francês, participou da Revolução Francesa e é considerado um dos pioneiros do socialismo. Suas ideias estão reunidas no artigo "O cadastro perpétuo" (1790). Líder da Conjuração dos Iguais, em 1796, foi denunciado e preso, acusado de conspiração. Morreu executado na guilhotina. 28

BRENTANO, Lujo (Ludwig Joseph) (1844-1931) – economista alemão, um dos chamados socialistas de cátedra. 42-3

CABET, Étienne (1788-1856) – jurista e jornalista, fundador de uma corrente do comunismo francês. Tentou realizar sua utopia – tema de sua obra *Viagem a Icária* – com a fundação de uma colônia comunista nos EUA. Em 1847-1848, aliado de Marx e Engels. 28

DARWIN, Charles Robert (1809-1882) – importante naturalista inglês que concebeu a teoria da evolução das espécies pelo processo da seleção natural. Em 1831, empreendeu uma viagem pela América do Sul e pelas Ilhas do Pacífico, no curso da qual recolheu uma impressionante quantidade de dados geológicos, botânicos e zoológicos, cujas ordenação e sistematização ocuparam vários anos de sua vida. 40-1

ENFANTIN, Barthélemy-Prosper (Père Enfantin) (1796--1864) – socialista utópico francês, um dos segui-

Índice onomástico

dores mais próximos de Saint-Simon. Liderou, juntamente com Saint-Amand Bazard, a escola saint-simoniana. 31n

ENGELS, Friedrich (1820-1895) – filósofo alemão, amigo e colaborador de Karl Marx, com quem escreveu várias obras fundamentais, como *A sagrada família* e a *A ideologia alemã*. Dedicou-se ao problema da dialética da natureza e a estudos sobre a situação da classe trabalhadora na Inglaterra. É autor dos livros *Anti-Düring, A dialética da natureza, A situação da classe trabalhadora na Inglaterra*. Depois da morte de Marx, publicou *Ludwig Feuerbach e o fim da filosofia clássica alemã*. Encarregou-se também da publicação *post mortem* dos Livros II e III de *O capital*, de Marx. 21n, 42-4

FOURIER, François Marie Charles (1772-1837) – socialista utópico francês, filho de um rico fabricante de tecidos. Perdeu sua fortuna em 1793 e tornou-se empregado do comércio. Achava que, se a humanidade não superasse a "civilização" (o estado de coisas atual), ela morreria em pouco mais de dois séculos. Mas a mudança necessária não se faria por meio de uma revolução: a experiência francesa de 1789 mostrava que revoluções são estúpidas e inúteis. Fourier propôs então que se fizesse a experiência da mudança pelo exemplo, organizando-se um "falanstério", ou seja, uma comunidade na qual os seres humanos viveriam de acordo com novas regras e novos princípios. A utopia de Fourier influenciou muitos escritores franceses e norte-americanos. 20

GEORGE, Henry (1839-1897) – publicista e economista norte-americano, defendeu a nacionalização da terra pelo Estado burguês como meio para resolver todas as contradições sociais sob o capitalismo. Tentou dirigir o movimento operário norte-americano e conduzi-lo para a via do reformismo burguês. 58

GODWIN, William (1756-1836) – escritor e jornalista inglês, foi um dos fundadores do anarquismo. Pai da escritora Mary Shelley. 33, 44

O socialismo jurídico

HALL, Charles (1745-1825) – autor de *The Effects of Civilization on the People in European States* [Os efeitos da civilização sobre as pessoas nos Estados europeus]; foi um dos primeiros autores a levar a teoria ricardiana a seu extremo lógico, isto é, ao conceito da exploração do trabalho. 33, 44

HODGSKIN, Thomas (1787-1869) – economista e publicista inglês, socialista utópico. Valendo-se das teorias de Ricardo, defendeu os interesses do proletariado. 43

HOPKINS, Thomas (?-1864) – economista inglês. 43-4

HYNDMAN, Henry Mayers (1842-1921) – um dos fundadores do Partido Socialista Britânico e dirigente de sua ala direita, foi expulso em 1916 em razão de sua propaganda a favor da guerra imperialista. 49-53

KAUTSKY, Karl (1854-1938) – político e escritor alemão, líder da Segunda Internacional. Socialista reformista, foi atacado duramente por Lenin. Na vitória dos socialistas na Alemanha em 1918, foi ministro de Relações Exteriores. O advento do nazismo o exilou na Bélgica. É autor dos livros *Origens do cristianismo, Friedrich Engels: sua vida, seu trabalho e seus escritos* e *As doutrinas econômicas de Karl Marx*, entre outros. 49

LAFARGUE, Laura (1845-1911) – militante do movimento operário francês, filha de Marx e esposa do socialista francês Paul Lafargue. 49-55

LAFARGUE, Paul (1842-1911) – jornalista e revolucionário socialista franco-cubano. Foi genro de Karl Marx, casando-se com sua filha Laura. Seu mais conhecido trabalho é *O direito à preguiça*, publicado no jornal socialista *L'Égalité* [A igualdade]. Suicidou-se junto com Laura, aos 69 anos, em um pacto existencial. 54

LAWROW, Piotr Lávrovitch (1823-1900) – sociólogo e publicista russo, destacado ideólogo do populismo. Membro da organização Terra e Liberdade e, mais tarde, do partido A Vontade do Povo. Ecléctico em filosofia, no domínio da sociologia afirmava que o

Índice onomástico

progresso da humanidade resulta da atividade dos "indivíduos que pensam criticamente". 51-2

LOPATIN, German (1845-1918) – revolucionário populista russo, membro do Conselho Geral da Primeira Internacional, foi jornalista e escritor. Traduziu para o russo uma parte do Livro I de *O capital*. 51-2

MARX, Karl Heinrich (1818-1883) – filósofo, economista e político socialista alemão, passou a maior parte da vida exilado em Londres. Doutorou-se em 1841 pela Universidade de Berlim, com uma tese sobre Epicuro. Foi ligado à esquerda hegeliana e ao materialismo de Feuerbach. Em 1844 conheceu Friedrich Engels e em 1848 redigiu com ele o *Manifesto Comunista*. Desenvolveu uma ideia de comunismo ligada à sua concepção da história e a uma resoluta intervenção na luta política, solidária com o movimento operário. Suas obras mais famosas são *O capital* e *A ideologia alemã* (esta escrita em colaboração com Engels). 21, 23-4, 28, 31-5, 37, 39-44

MENGER, Anton (1841-1906) – jurista austríaco, foi um dos representantes do socialismo jurídico, que tinha como objetivo criar um sistema de transformação puramente jurídica e legislativa do regime capitalista ao socialista. 22, 24-7, 29-35, 37-49, 53

NIM [Helene Demuth] (1820-1890) – empregada doméstica da família de Jenny, a mulher de Karl Marx, foi trabalhar na casa de ambos quando se casaram. Militante socialista, contribuiu para a obra e o pensamento de Marx, com quem também teve um filho, cuja paternidade foi assumida por Engels. 55

OWEN, Robert (1771-1858) – pensador britânico. Personalidade representativa do socialismo utópico do início do século XIX, criou várias comunidades industriais, influiu no progresso das ideias dos operários ingleses e defendeu inovações pedagógicas como o jardim de infância, a escola ativa e os cursos noturnos. 20

PETTY, Sir William (1623-1687) – economista e estatístico inglês, fundador da economia política burguesa clássica. 40

O socialismo jurídico

PROCUSTO – personagem da mitologia grega, bandido que, após oferecer hospitalidade às suas vítimas, forçava-as a se deitarem em uma cama de ferro: se fossem menores do que a cama, ele as esticava até que seu tamanho se ajustasse a ela; se fossem maiores, ele cortava seus membros. 31, 34

PROUDHON, Pierre-Joseph (1809-1865) – filósofo político e econômico francês, considerado um dos mais influentes autores anarquistas. 28, 31-2

RICARDO, David (1772-1823) – considerado um dos fundadores da escola clássica inglesa de economia política. 41

RODBERTUS, Johann Karl (1805-1875) – economista alemão, considerado um dos fundadores do socialismo de Estado. 35, 40, 49

SAINT-SIMON, Claude-Henri de Rouvroy, conde de (1760-1825) – socialista utópico francês. 20, 31

SHELLEY, Percy Bysshe (1792-1822) – poeta inglês, representante do romantismo revolucionário. 44

SISMONDI, Jean Charles Léonard Simonde de (1773--1842) – economista suíço, crítico pequeno-burguês do capitalismo. 41

SMITH, Adam (1723-1790) – economista escocês, importante defensor da economia política burguesa clássica. 19, 35, 40

TAYLOR, Sedley – participante do movimento cooperativo na Inglaterra, defendeu o sistema de participação dos operários nos lucros dos capitalistas. 42

THOMPSON, William (c.1785-1833) – economista irlandês, socialista utópico, adepto de Robert Owen. 33, 35, 44

TUSSY [Jenny Julia Eleanor Marx] (1855-1898) – filha mais nova de Marx, ativista socialista, foi tradutora e escritora. 42n, 51-54

CRONOLOGIA RESUMIDA

Karl Marx	Friedrich Engels
1818 Em Trier (capital da província alemã do Reno), nasce Karl Marx (5 de maio), o segundo de oito filhos de Heinrich Marx e de Enriqueta Pressburg. Trier na época era influenciada pelo liberalismo revolucionário francês e pela reação ao Antigo Regime, vinda da Prússia.	
1820	Nasce Friedrich Engels (28 de novembro), primeiro dos oito filhos de Friedrich Engels e Elizabeth Franziska Mauritia van Haar, em Barmen, Alemanha. Cresce no seio de uma família de industriais religiosa e conservadora.
1824 O pai de Marx, nascido Hirschel, advogado e conselheiro de Justiça, é obrigado a abandonar o judaísmo por motivos profissionais e políticos (os judeus estavam proibidos de ocupar cargos públicos na Renânia). Marx entra para o Ginásio de Trier (outubro).	
1830 Inicia seus estudos no Liceu Friedrich Wilhelm, em Trier.	
1834	Engels ingressa, em outubro, no Ginásio de Elberfeld.
1835 Escreve *Reflexões de um jovem perante a escolha de sua profissão*. Presta exame final de bacharelado em Trier (24 de setembro). Inscreve-se na Universidade de Bonn.	

Cronologia resumida

Karl Marx	Friedrich Engels
1836 Estuda Direito na Universidade de Bonn. Participa do Clube de Poetas e de associações de estudantes. No verão, fica noivo em segredo de Jenny von Westphalen, sua vizinha em Trier. Em razão da oposição entre as famílias, casar-se-iam apenas sete anos depois. Matricula-se na Universidade de Berlim.	Na juventude, fica impressionado com a miséria em que vivem os trabalhadores das fábricas de sua família. Escreve *Poema*.
1837 Transfere-se para a Universidade de Berlim e estuda com mestres como Gans e Savigny. Escreve *Canções selvagens* e *Transformações*. Em carta ao pai, descreve sua relação contraditória com o hegelianismo, doutrina predominante na época.	Por insistência do pai, Engels deixa o ginásio e começa a trabalhar nos negócios da família. Escreve *História de um pirata*.
1838 Entra para o Clube dos Doutores, encabeçado por Bruno Bauer. Perde o interesse pelo Direito e entrega-se com paixão ao estudo da filosofia, o que lhe compromete a saúde. Morre seu pai.	Estuda comércio em Bremen. Começa a escrever ensaios literários e sociopolíticos, poemas e panfletos filosóficos em periódicos como o *Hamburg Journal* e o *Telegraph für Deutschland*, entre eles o poema "O beduíno" (setembro), sobre o espírito da liberdade.
1839	Escreve o primeiro trabalho de envergadura, *Briefe aus dem Wupperthal* [Cartas de Wupperthal], sobre a vida operária em Barmen e na vizinha Elberfeld (*Telegraph für Deutschland*, primavera). Outros viriam, como *Literatura popular alemã*, *Karl Beck* e *Memorabilia de Immermann*. Estuda a filosofia de Hegel.
1840 K. F. Koeppen dedica a Marx seu estudo *Friedrich der Grosse und seine Widersacher* [Frederico, o Grande, e seus adversários].	Engels publica *Réquiem para o Aldeszeitung alemão* (abril), *Vida literária moderna*, no *Mitternachtzeitung* (março--maio) e *Cidade natal de Siegfried* (dezembro).
1841 Com uma tese sobre as diferenças entre as filosofias de Demócrito e Epicuro, Marx recebe em Iena o título de doutor em Filosofia (15 de abril). Volta a Trier. Bruno Bauer, acusado de ateísmo,	Publica *Ernst Moritz Arndt*. Seu pai o obriga a deixar a escola de comércio para dirigir os negócios da família. Engels prosseguiria sozinho seus estudos de filosofia, religião,

O socialismo jurídico

Karl Marx

é expulso da cátedra de Teologia da Universidade de Bonn, com isso Marx perde a oportunidade de atuar como docente nessa universidade.

Friedrich Engels

literatura e política. Presta o serviço militar em Berlim por um ano. Frequenta a Universidade de Berlim como ouvinte e conhece os jovens hegelianos. Critica intensamente o conservadorismo na figura de Schelling, com os escritos *Schelling em Hegel, Schelling e a revelação* e *Schelling, filósofo em Cristo*.

1842

Elabora seus primeiros trabalhos como publicista. Começa a colaborar com o jornal *Rheinische Zeitung* [Gazeta Renana], publicação da burguesia em Colônia, do qual mais tarde seria redator. Conhece Engels, que na ocasião visitava o jornal.

Em Manchester assume a fiação do pai, a Ermen & Engels. Conhece Mary Burns, jovem trabalhadora irlandesa, que viveria com ele até a morte. Mary e a irmã Lizzie mostram a Engels as dificuldades da vida operária, e ele inicia estudos sobre os efeitos do capitalismo no operariado inglês. Publica artigos no *Rheinische Zeitung*, entre eles "Crítica às leis de imprensa prussianas" e "Centralização e liberdade".

1843

Sob o regime prussiano, é fechado o *Rheinische Zeitung*. Marx casa-se com Jenny von Westphalen. Recusa convite do governo prussiano para ser redator no diário oficial. Passa a lua de mel em Kreuznach, onde se dedica ao estudo de diversos autores, com destaque para Hegel. Redige os manuscritos que viriam a ser conhecidos como *Crítica da filosofia do direito de Hegel* [*Zur Kritik der Hegelschen Rechtsphilosophie*]. Em outubro vai a Paris, onde Moses Hess e George Herwegh o apresentam às sociedades secretas socialistas e comunistas e às associações operárias alemãs.
Conclui *Sobre a questão judaica* [*Zur Judenfrage*]. Substitui Arnold Ruge na direção dos *Deutsch--Französische Jahrbücher* [Anais Franco-Alemães]. Em dezembro inicia grande amizade com Heinrich Heine e conclui sua

Engels escreve, com Edgar Bauer, o poema satírico "Como a Bíblia escapa milagrosamente a um atentado impudente ou O triunfo da fé", contra o obscurantismo religioso. O jornal *Schweuzerisher Republicaner* publica suas "Cartas de Londres". Em Bradford, conhece o poeta G. Weerth. Começa a escrever para a imprensa cartista. Mantém contato com a Liga dos Justos. Ao longo desse período, suas cartas à irmã favorita, Marie, revelam seu amor pela natureza e por música, livros, pintura, viagens, esporte, vinho, cerveja e tabaco.

Cronologia resumida

Karl Marx	Friedrich Engels
"Crítica da filosofia do direito de Hegel – Introdução" [*Zur Kritik der Hegelschen Rechtsphilosophie – Einleitung*].	

1844 — Em colaboração com Arnold Ruge, elabora e publica o primeiro e único volume dos *Deutsch-Französische Jahrbücher*, no qual participa com dois artigos: "A questão judaica" e "Introdução a uma crítica da filosofia do direito de Hegel". Escreve os *Manuscritos econômico-filosóficos* [*Ökonomisch-philosophische Manuskripte*]. Colabora com o *Vorwärts!* [Avante!], órgão de imprensa dos operários alemães na emigração. Conhece a Liga dos Justos, fundada por Weitling. Amigo de Heine, Leroux, Blanc, Proudhon e Bakunin, inicia em Paris estreita amizade com Engels. Nasce Jenny, primeira filha de Marx. Rompe com Ruge e desliga-se dos *Deutsch--Französische Jahrbücher*. O governo decreta a prisão de Marx, Ruge, Heine e Bernays pela colaboração nos *Deutsch-Französische Jahrbücher*. Encontra Engels em Paris e em dez dias planejam seu primeiro trabalho juntos, *A sagrada família* [*Die heilige Familie*]. Marx publica no *Vorwärts!* artigo sobre a greve na Silésia.

Em fevereiro, Engels publica *Esboço para uma crítica da economia política* [*Umrisse zu einer Kritik der Nationalökonomie*], texto que influenciou profundamente Marx. Segue à frente dos negócios do pai, escreve para os *Deutsch-Französische Jahrbücher* e colabora com o jornal *Vorwärts!*. Deixa Manchester. Em Paris torna-se amigo de Marx, com quem desenvolve atividades militantes, o que os leva a criar laços cada vez mais profundos com as organizações de trabalhadores de Paris e Bruxelas. Vai para Barmen.

1845 — Por causa do artigo sobre a greve na Silésia, a pedido do governo prussiano Marx é expulso da França, juntamente com Bakunin, Bürgers e Bornstedt. Muda-se para Bruxelas e, em colaboração com Engels, escreve e publica em Frankfurt *A sagrada família*. Ambos começam a escrever *A ideologia alemã* [*Die deutsche Ideologie*] e Marx elabora "As teses sobre Feuerbach" [*Thesen über Feuerbach*]. Em setembro nasce Laura, segunda filha de Marx e Jenny. Em dezembro, ele renuncia à nacionalidade prussiana.

As observações de Engels sobre a classe trabalhadora de Manchester, feitas anos antes, formam a base de uma de suas obras principais, *A situação da classe trabalhadora na Inglaterra* [*Die Lage der arbeitenden Klasse in England*] (publicada primeiramente em alemão; a edição seria traduzida para o inglês 40 anos mais tarde). Em Barmen organiza debates sobre as ideias comunistas junto com Hess e profere os *Discursos de Elberfeld*. Em abril sai de Barmen e encontra Marx em Bruxelas. Juntos, estudam economia e

O socialismo jurídico

Karl Marx	**Friedrich Engels**
	fazem uma breve visita a Manchester (julho e agosto), onde percorrem alguns jornais locais, como o *Manchester Guardian* e o *Volunteer Journal for Lancashire and Cheshire*. Lançada *A situação da classe trabalhadora na Inglaterra*, em Leipzig. Começa sua vida em comum com Mary Burns.

1846 — Marx e Engels organizam em Bruxelas o primeiro Comitê de Correspondência da Liga dos Justos, uma rede de correspondentes comunistas em diversos países, a qual Proudhon se nega a integrar. Em carta a Annenkov, Marx critica o recém-publicado *Sistema das contradições econômicas ou Filosofia da miséria* [*Système des contradictions économiques ou Philosophie de la misère*], de Proudhon. Redige com Engels a *Zirkular gegen Kriege* [Circular contra Kriege], crítica a um alemão emigrado dono de um periódico socialista em Nova York. Por falta de editor, Marx e Engels desistem de publicar *A ideologia alemã* (a obra só seria publicada em 1932, na União Soviética). Em dezembro nasce Edgar, o terceiro filho de Marx.

Seguindo instruções do Comitê de Bruxelas, Engels estabelece estreitos contatos com socialistas e comunistas franceses. No outono, ele se desloca para Paris com a incumbência de estabelecer novos comitês de correspondência. Participa de um encontro de trabalhadores alemães em Paris, propagando ideias comunistas e discorrendo sobre a utopia de Proudhon e o socialismo real de Karl Grün.

1847 — Filia-se à Liga dos Justos, em seguida nomeada Liga dos Comunistas. Realiza-se o primeiro congresso da associação em Londres (junho), ocasião em que se encomenda a Marx e Engels um manifesto dos comunistas. Eles participam do congresso de trabalhadores alemães em Bruxelas e, juntos, fundam a Associação Operária Alemã de Bruxelas. Marx é eleito vice-presidente da Associação Democrática. Conclui e publica a edição francesa de *Miséria da filosofia* [*Misère de la philosophie*] (Bruxelas, julho).

Engels viaja a Londres e participa com Marx do I Congresso da Liga dos Justos. Publica *Princípios do comunismo* [*Grundsätze des Kommunismus*], uma "versão preliminar" do *Manifesto Comunista* [*Manifest der Kommunistischen Partei*]. Em Bruxelas, junto com Marx, participa da reunião da Associação Democrática, voltando em seguida a Paris para mais uma série de encontros. Depois de atividades em Londres, volta a Bruxelas e escreve, com Marx, o *Manifesto Comunista*.

Cronologia resumida

Karl Marx	Friedrich Engels
1848 Marx discursa sobre o livre-cambismo numa das reuniões da Associação Democrática. Com Engels publica, em Londres (fevereiro), o *Manifesto Comunista*. O governo revolucionário francês, por meio de Ferdinand Flocon, convida Marx a morar em Paris depois que o governo belga o expulsa de Bruxelas. Redige com Engels "Reivindicações do Partido Comunista da Alemanha" [*Forderungen der Kommunistischen Partei in Deutschland*] e organiza o regresso dos membros alemães da Liga dos Comunistas à pátria. Com sua família e com Engels, muda-se em fins de maio para Colônia, onde ambos fundam o jornal *Neue Rheinische Zeitung* [Nova Gazeta Renana], cuja primeira edição é publicada em 1º de junho com o subtítulo *Organ der Demokratie*. Marx começa a dirigir a Associação Operária de Colônia e acusa a burguesia alemã de traição. Proclama o terrorismo revolucionário como único meio de amenizar "as dores de parto" da nova sociedade. Conclama ao boicote fiscal e à resistência armada.	Expulso da França por suas atividades políticas, chega a Bruxelas no fim de janeiro. Juntamente com Marx, toma parte na insurreição alemã, de cuja derrota falaria quatro anos depois em *Revolução e contrarrevolução na Alemanha* [*Revolution und Konterevolution in Deutschland*]. Engels exerce o cargo de editor do *Neue Rheinische Zeitung*, recém-criado por ele e Marx. Participa, em setembro, do Comitê de Segurança Pública criado para rechaçar a contrarrevolução, durante grande ato popular promovido pelo *Neue Rheinische Zeitung*. O periódico sofre suspensões, mas prossegue ativo. Procurado pela polícia, tenta se exilar na Bélgica, onde é preso e depois expulso. Muda-se para a Suíça.
1849 Marx e Engels são absolvidos em processo por participação nos distúrbios de Colônia (ataques a autoridades publicados no *Neue Rheinische Zeitung*). Ambos defendem a liberdade de imprensa na Alemanha. Marx é convidado a deixar o país, mas ainda publicaria *Trabalho assalariado e capital* [*Lohnarbeit und Kapital*]. O periódico, em difícil situação, é extinto (maio). Marx, em condição financeira precária (vende os próprios móveis para pagar as dívidas), tenta voltar a Paris, mas, impedido de ficar, é obrigado a deixar a cidade em 24 horas. Graças a uma campanha de arrecadação de fundos promovida por Ferdinand Lassalle na Alemanha, Marx se estabelece com a família em Londres, onde nasce Guido, seu quarto filho (novembro).	Em janeiro, Engels retorna a Colônia. Em maio, toma parte militarmente na resistência à reação. À frente de um batalhão de operários, entra em Elberfeld, motivo pelo qual sofre sanções legais por parte das autoridades prussianas, enquanto Marx é convidado a deixar o país. Publicado o último número do *Neue Rheinische Zeitung*. Marx e Engels vão para o sudoeste da Alemanha, onde Engels envolve-se no levante de Baden-Palatinado, antes de seguir para Londres.

O socialismo jurídico

Karl Marx	Friedrich Engels
1850 Ainda em dificuldades financeiras, organiza a ajuda aos emigrados alemães. A Liga dos Comunistas reorganiza as sessões locais e é fundada a Sociedade Universal dos Comunistas Revolucionários, cuja liderança logo se fraciona. Edita em Londres a *Neue Rheinische Zeitung* [Nova Gazeta Renana], revista de economia política, bem como *Lutas de classe na França* [*Die Klassenkämpfe in Frankreich*]. Morre o filho Guido.	Publica *A guerra dos camponeses na Alemanha* [*Der deutsche Bauernkrieg*]. Em novembro, retorna a Manchester, onde viverá por vinte anos, e às suas atividades na Ermen & Engels; o êxito nos negócios possibilita ajudas financeiras a Marx.
1851 Continua em dificuldades, mas, graças ao êxito dos negócios de Engels em Manchester, conta com ajuda financeira. Dedica-se intensamente aos estudos de economia na biblioteca do Museu Britânico. Aceita o convite de trabalho do *New York Daily Tribune*, mas é Engels quem envia os primeiros textos, intitulados "Contrarrevolução na Alemanha", publicados sob a assinatura de Marx. Hermann Becker publica em Colônia o primeiro e único tomo dos *Ensaios escolhidos de Marx*. Nasce Francisca (28 de março), quinta de seus filhos.	Engels, juntamente com Marx, começa a colaborar com o Movimento Cartista [Chartist Movement]. Estuda língua, história e literatura eslava e russa.
1852 Envia ao periódico *Die Revolution*, de Nova York, uma série de artigos sobre *O 18 de brumário de Luís Bonaparte* [*Der achtzehnte Brumaire des Louis Bonaparte*]. Sua proposta de dissolução da Liga dos Comunistas é acolhida. A difícil situação financeira é amenizada com o trabalho para o *New York Daily Tribune*. Morre a filha Francisca, nascida um ano antes.	Publica *Revolução e contrarrevolução na Alemanha* [*Revolution und Konterevolution in Deutschland*]. Com Marx, elabora o panfleto *O grande homem do exílio* [*Die grossen Männer des Exils*] e uma obra, hoje desaparecida, chamada *Os grandes homens oficiais da Emigração*; nela, atacam os dirigentes burgueses da emigração em Londres e defendem os revolucionários de 1848-1849. Expõem, em cartas e artigos conjuntos, os planos do governo, da polícia e do judiciário prussianos, textos que teriam grande repercussão.

Cronologia resumida

Karl Marx	**Friedrich Engels**
1853	Marx escreve, tanto para o *New York Daily Tribune* quanto para o *People's Paper*, inúmeros artigos sobre temas da época. Sua precária saúde o impede de voltar aos estudos econômicos interrompidos no ano anterior, o que faria somente em 1857. Retoma a correspondência com Lassalle.	Escreve artigos para o *New York Daily Tribune*. Estuda o persa e a história dos países orientais. Publica, com Marx, artigos sobre a Guerra da Crimeia.
1854	Continua colaborando com o *New York Daily Tribune*, dessa vez com artigos sobre a revolução espanhola.	
1855	Começa a escrever para o *Neue Oder Zeitung*, de Breslau, e segue como colaborador do *New York Daily Tribune*. Em 16 de janeiro nasce Eleanor, sua sexta filha, e em 6 de abril morre Edgar, o terceiro.	Escreve uma série de artigos para o periódico *Putman*.
1856	Ganha a vida redigindo artigos para jornais. Discursa sobre o progresso técnico e a revolução proletária em uma festa do *People's Paper*. Estuda a história e a civilização dos povos eslavos. A esposa Jenny recebe uma herança da mãe, o que permite que a família mude para um apartamento mais confortável.	Acompanhado da mulher, Mary Burns, Engels visita a terra natal dela, a Irlanda.
1857	Retoma os estudos sobre economia política, por considerar iminente nova crise econômica europeia. Fica no Museu Britânico das nove da manhã às sete da noite e trabalha madrugada adentro. Só descansa quando adoece e aos domingos, nos passeios com a família em Hampstead. O médico o proíbe de trabalhar à noite. Começa a redigir os manuscritos que viriam a ser conhecidos como *Grundrisse der Kritik der Politischen Ökonomie* [Esboços de uma crítica da economia política], e que servirão de base à obra *Para a crítica da economia política* [*Zur Kritik der Politischen Ökonomie*]. Escreve a célebre *Introdução de 1857*. Continua a colaborar no *New York Daily Tribune*. Escreve	Adoece gravemente em maio. Analisa a situação no Oriente Médio, estuda a questão eslava e aprofunda suas reflexões sobre temas militares. Sua contribuição para a *New American Encyclopaedia* [Nova Enciclopédia Americana], versando sobre as guerras, faz de Engels um continuador de Von Clausewitz e um precursor de Lenin e Mao Tsé-Tung. Continua trocando cartas com Marx, discorrendo sobre a crise na Europa e nos Estados Unidos.

O socialismo jurídico

Karl Marx	Friedrich Engels
	artigos sobre Jean-Baptiste Bernadotte, Simón Bolívar, Gebhard Blücher e outros na *New American Encyclopaedia* [Nova Enciclopédia Americana]. Atravessa um novo período de dificuldades financeiras e tem um novo filho, natimorto.	
1858	O *New York Daily Tribune* deixa de publicar alguns de seus artigos. Marx dedica-se à leitura de *Ciência da lógica* [*Wissenschaft der Logik*] de Hegel. Agravam-se os problemas de saúde e a penúria.	Engels dedica-se ao estudo das ciências naturais.
1859	Publica em Berlim *Para a crítica da economia política*. A obra só não fora publicada antes porque não havia dinheiro para postar o original. Marx comentaria: "Seguramente é a primeira vez que alguém escreve sobre o dinheiro com tanta falta dele". O livro, muito esperado, foi um fracasso. Nem seus companheiros mais entusiastas, como Liebknecht e Lassalle, o compreenderam. Escreve mais artigos no *New York Daily Tribune*. Começa a colaborar com o periódico londrino *Das Volk*, contra o grupo de Edgar Bauer. Marx polemiza com Karl Vogt (a quem acusa de ser subsidiado pelo bonapartismo), Blind e Freiligrath.	Faz uma análise, junto com Marx, da teoria revolucionária e suas táticas, publicada em coluna do *Das Volk*. Escreve o artigo "Po und Rhein" [Pó e Reno], em que analisa o bonapartismo e as lutas liberais na Alemanha e na Itália. Enquanto isso, estuda gótico e inglês arcaico. Em dezembro, lê o recém-publicado *A origem das espécies* [*The Origin of Species*], de Darwin.
1860	Vogt começa uma série de calúnias contra Marx, e as querelas chegam aos tribunais de Berlim e Londres. Marx escreve *Herr Vogt* [Senhor Vogt].	Engels vai a Barmen para o sepultamento de seu pai (20 de março). Publica a brochura *Savoia, Nice e o Reno* [*Savoyen, Nizza und der Rhein*], polemizando com Lassalle. Continua escrevendo para vários periódicos, entre eles o *Allgemeine Militar Zeitung*. Contribui com artigos sobre o conflito de secessão nos Estados Unidos no *New York Daily Tribune* e no jornal liberal *Die Presse*.
1861	Enfermo e depauperado, Marx vai à Holanda, onde o tio Lion Philiph concorda em adiantar-lhe uma quantia, por conta da herança de sua mãe. Volta a Berlim e projeta	

Cronologia resumida

Karl Marx	Friedrich Engels

com Lassalle um novo periódico. Reencontra velhos amigos e visita a mãe em Trier. Não consegue recuperar a nacionalidade prussiana. Regressa a Londres e participa de uma ação em favor da libertação de Blanqui. Retoma seus trabalhos científicos e a colaboração com o *New York Daily Tribune* e o *Die Presse* de Viena.

1862 Trabalha o ano inteiro em sua obra científica e encontra-se várias vezes com Lassalle para discutirem seus projetos. Em suas cartas a Engels, desenvolve uma crítica à teoria ricardiana sobre a renda da terra. O *New York Daily Tribune*, justificando-se com a situação econômica interna norte-americana, dispensa os serviços de Marx, o que reduz ainda mais seus rendimentos. Viaja à Holanda e a Trier, e novas solicitações ao tio e à mãe são negadas. De volta a Londres, tenta um cargo de escrevente da ferrovia, mas é reprovado por causa da caligrafia.

1863 Marx continua seus estudos no Museu Britânico e se dedica também à matemática. Começa a redação definitiva de *O capital* [*Das Kapital*] e participa de ações pela independência da Polônia. Morre sua mãe (novembro), deixando-lhe algum dinheiro como herança.

Morre, em Manchester, Mary Burns, companheira de Engels (6 de janeiro). Ele permaneceria morando com a cunhada Lizzie. Esboça, mas não conclui, um texto sobre rebeliões camponesas.

1864 Malgrado a saúde, continua a trabalhar em sua obra científica. É convidado a substituir Lassalle (morto em duelo) na Associação Geral dos Operários Alemães. O cargo, entretanto, é ocupado por Becker. Apresenta o projeto e o estatuto de uma Associação Internacional dos Trabalhadores, durante encontro internacional no Saint Martin's Hall de Londres. Marx elabora o Manifesto de Inauguração da Associação Internacional dos Trabalhadores.

Engels participa da fundação da Associação Internacional dos Trabalhadores, depois conhecida como a Primeira Internacional. Torna-se coproprietário da Ermen & Engels. No segundo semestre, contribui, com Marx, para o *Sozial-Demokrat*, periódico da social-democracia alemã que populariza as ideias da Internacional na Alemanha.

O socialismo jurídico

Karl Marx	**Friedrich Engels**
1865 Conclui a primeira redação de *O capital* e participa do Conselho Central da Internacional (setembro), em Londres. Marx escreve *Salário, preço e lucro* [*Lohn, Preis und Profit*]. Publica no *Sozial-Demokrat* uma biografia de Proudhon, morto recentemente. Conhece o socialista francês Paul Lafargue, seu futuro genro.	Recebe Marx em Manchester. Ambos rompem com Schweitzer, diretor do *Sozial-Demokrat*, por sua orientação lassalliana. Suas conversas sobre o movimento da classe trabalhadora na Alemanha resultam em artigo para a imprensa. Engels publica *A questão militar na Prússia e o Partido Operário Alemão* [*Die preussische Militärfrage und die deutsche Arbeiterpartei*].
1866 Apesar dos intermináveis problemas financeiros e de saúde, Marx conclui a redação do primeiro livro de *O capital*. Prepara a pauta do primeiro Congresso da Internacional e as teses do Conselho Central. Pronuncia discurso sobre a situação na Polônia.	Escreve a Marx sobre os trabalhadores emigrados da Alemanha e pede a intervenção do Conselho Geral da Internacional.
1867 O editor Otto Meissner publica, em Hamburgo, o primeiro volume de *O capital*. Os problemas de Marx o impedem de prosseguir no projeto. Redige instruções para Wilhelm Liebknecht, recém-ingressado na Dieta prussiana como representante social-democrata.	Engels estreita relações com os revolucionários alemães, especialmente Liebknecht e Bebel. Envia carta de congratulações a Marx pela publicação do primeiro volume de *O capital*. Estuda as novas descobertas da química e escreve artigos e matérias sobre *O capital*, com fins de divulgação.
1868 Piora o estado de saúde de Marx, e Engels continua ajudando-o financeiramente. Marx elabora estudos sobre as formas primitivas de propriedade comunal, em especial sobre o *mir* russo. Corresponde-se com o russo Danielson e lê Dühring. Bakunin se declara discípulo de Marx e funda a Aliança Internacional da Social--Democracia. Casamento da filha Laura com Lafargue.	Engels elabora uma sinopse do primeiro volume de *O capital*.

Cronologia resumida

Karl Marx	Friedrich Engels
1869 Liebknecht e Bebel fundam o Partido Operário Social--Democrata alemão, de linha marxista. Marx, fugindo das polícias da Europa continental, passa a viver em Londres, com a família, na mais absoluta miséria. Continua os trabalhos para o segundo livro de *O capital*. Vai a Paris sob nome falso, onde permanece algum tempo na casa de Laura e Lafargue. Mais tarde, acompanhado da filha Jenny, visita Kugelmann em Hannover. Estuda russo e a história da Irlanda. Corresponde-se com De Paepe sobre o proudhonismo e concede uma entrevista ao sindicalista Haman sobre a importância da organização dos trabalhadores.	Em Manchester, dissolve a empresa Ermen & Engels, que havia assumido após a morte do pai. Com um soldo anual de 350 libras, auxilia Marx e sua família; com ele, mantém intensa correspondência. Começa a contribuir com o *Volksstaat*, o órgão de imprensa do Partido Social-Democrata alemão. Escreve uma pequena biografia de Marx, publicada no *Die Zukunft* (julho). Lançada a primeira edição russa do *Manifesto Comunista*. Em setembro, acompanhado de Lizzie, Marx e Eleanor, visita a Irlanda.
1870 Continua interessado na situação russa e em seu movimento revolucionário. Em Genebra instala-se uma seção russa da Internacional, na qual se acentua a oposição entre Bakunin e Marx, que redige e distribui uma circular confidencial sobre as atividades dos bakunistas e sua aliança. Redige o primeiro comunicado da Internacional sobre a guerra franco-prussiana e exerce, a partir do Conselho Central, uma grande atividade em favor da República francesa. Por meio de Serrailler, envia instruções para os membros da Internacional presos em Paris. A filha Jenny colabora com Marx em artigos para *A Marselhesa* sobre a repressão dos irlandeses por policiais britânicos.	Engels escreve *História da Irlanda* [*Die Geschichte Irlands*]. Começa a colaborar com o periódico inglês *Pall Mall Gazette*, discorrendo sobre a guerra franco-prussiana. Deixa Manchester em setembro, acompanhado de Lizzie, e instala-se em Londres para promover a causa comunista. Lá continua escrevendo para o *Pall Mall Gazette*, dessa vez sobre o desenvolvimento das oposições. É eleito por unanimidade para o Conselho Geral da Primeira Internacional. O contato com o mundo do trabalho permitiu a Engels analisar, em profundidade, as formas de desenvolvimento do modo de produção capitalista. Suas conclusões seriam utilizadas por Marx em *O capital*.
1871 Atua na Internacional em prol da Comuna de Paris. Instrui Frankel e Varlin e redige o folheto *Der Bürgerkrieg in Frankreich* [*A guerra civil na França*]. É violentamente atacado pela imprensa conservadora. Em setembro, durante a Internacional	Prossegue suas atividades no Conselho Geral e atua junto à Comuna de Paris, que instaura um governo operário na capital francesa entre 26 de março e 28 de maio. Participa com Marx da Conferência de Londres da Internacional.

O socialismo jurídico

Karl Marx	Friedrich Engels
	em Londres, é reeleito secretário da seção russa. Revisa o primeiro volume de *O capital* para a segunda edição alemã.	
1872	Acerta a primeira edição francesa de *O capital* e recebe exemplares da primeira edição russa, lançada em 27 de março. Participa dos preparativos do V Congresso da Internacional em Haia, quando se decide a transferência do Conselho Geral da organização para Nova York. Jenny, a filha mais velha, casa-se com o socialista Charles Longuet.	Redige com Marx uma circular confidencial sobre supostos conflitos internos da Internacional, envolvendo bakunistas na Suíça, intitulado *As pretensas cisões na Internacional* [*Die angeblichen Spaltungen in der Internationale*]. Ambos intervêm contra o lassalianismo na social-democracia alemã e escrevem um prefácio para a nova edição alemã do *Manifesto Comunista*. Engels participa do Congresso da Associação Internacional dos Trabalhadores.
1873	Impressa a segunda edição de *O capital* em Hamburgo. Marx envia exemplares a Darwin e Spencer. Por ordens de seu médico, é proibido de realizar qualquer tipo de trabalho.	Com Marx, escreve para periódicos italianos uma série de artigos sobre as teorias anarquistas e o movimento das classes trabalhadoras.
1874	Negada a Marx a cidadania inglesa, "por não ter sido fiel ao rei". Com a filha Eleanor, viaja a Karlsbad para tratar da saúde numa estação de águas.	Prepara a terceira edição de *A guerra dos camponeses alemães*.
1875	Continua seus estudos sobre a Rússia. Redige observações ao Programa de Gotha, da social-democracia alemã.	Por iniciativa de Engels, é publicada *Crítica do Programa de Gotha* [*Kritik des Gothaer Programms*], de Marx.
1876	Continua o estudo sobre as formas primitivas de propriedade na Rússia. Volta com Eleanor a Karlsbad para tratamento.	Elabora escritos contra Dühring, discorrendo sobre a teoria marxista, publicados inicialmente no *Vorwärts!* e transformados em livro posteriormente.
1877	Marx participa de campanha na imprensa contra a política de Gladstone em relação à Rússia e trabalha no segundo volume de *O capital*. Acometido novamente de insônias e transtornos nervosos, viaja com a esposa e a filha Eleanor para descansar em Neuenahr e na Floresta Negra.	Conta com a colaboração de Marx na redação final do *Anti-Dühring* [*Herrn Eugen Dühring's Umwälzung der Wissenschaft*]. O amigo colabora com o capítulo 10 da parte 2 ("Da história crítica"), discorrendo sobre a economia política.

Cronologia resumida

Karl Marx	Friedrich Engels

1878 — Paralelamente ao segundo volume de *O capital*, Marx trabalha na investigação sobre a comuna rural russa, complementada com estudos de geologia. Dedica-se também à *Questão do Oriente* e participa de campanha contra Bismarck e Lothar Bücher.

Publica o *Anti-Dühring* e, atendendo a pedido de Wolhelm Bracke feito um ano antes, publica pequena biografia de Marx, intitulada *Karl Marx*. Morre Lizzie.

1879 — Marx trabalha nos volumes II e III de *O capital*.

1880 — Elabora um projeto de pesquisa a ser executado pelo Partido Operário francês. Torna-se amigo de Hyndman. Ataca o oportunismo do periódico *Sozial-Demokrat* alemão, dirigido por Liebknecht. Escreve as *Randglossen zu Adolph Wagners Lehrbuch der politischen Ökonomie* [Glosas marginais ao tratado de economia política de Adolph Wagner]. Bebel, Bernstein e Singer visitam Marx em Londres.

Engels lança uma edição especial de três capítulos do *Anti-Dühring*, sob o título *Socialismo utópico e científico* [*Die Entwicklung des Socialismus Von der Utopie zur Wissenschaft*]. Marx escreve o prefácio do livro. Engels estabelece relações com Kautsky e conhece Bernstein.

1881 — Prossegue os contatos com os grupos revolucionários russos e mantém correspondência com Zasulitch, Danielson e Nieuwenhuis. Recebe a visita de Kautsky. Jenny, sua esposa, adoece. O casal vai a Argenteuil visitar a filha Jenny e Longuet. Morre Jenny Marx.

Enquanto prossegue em suas atividades políticas, estuda a história da Alemanha e prepara *Labor Standard*, um diário dos sindicatos ingleses. Escreve um obituário pela morte de Jenny Marx (8 de dezembro).

1882 — Continua as leituras sobre os problemas agrários da Rússia. Acometido de pleurisia, visita a filha Jenny em Argenteuil. Por prescrição médica, viaja pelo Mediterrâneo e pela Suíça. Lê sobre física e matemática.

Redige com Marx um novo prefácio para a edição russa do *Manifesto Comunista*.

1883 — A filha Jenny morre em Paris (janeiro). Deprimido e muito enfermo, com problemas respiratórios, Marx morre em Londres, em 14 de março. É sepultado no Cemitério de Highgate.

Começa a esboçar *A dialética da natureza* [*Dialektik der Natur*], publicada postumamente em 1927. Escreve outro obituário, dessa vez para a filha de Marx, Jenny. No sepultamento de Marx, profere o que ficaria conhecido como *Discurso diante da sepultura de Marx* [*Das Begräbnis von Karl Marx*]. Após a morte do amigo, publica uma edição inglesa do primeiro

O socialismo jurídico

Karl Marx	Friedrich Engels
	volume de *O capital*; imediatamente depois, prefacia a terceira edição alemã da obra, e já começa a preparar o segundo volume.
1884	Publica *A origem da família, da propriedade privada e do Estado* [*Der Ursprung der Familie, des Privateigentum und des Staates*].
1885	Editado por Engels, é publicado o segundo volume de *O capital*.
1894	Também editado por Engels, é publicado o terceiro volume de *O capital*. O mundo acadêmico ignorou a obra por muito tempo, embora os principais grupos políticos logo tenham começado a estudá-la. Engels publica os textos *Contribuição à história do cristianismo primitivo* [*Zur Geschischte des Urchristentums*] e *A questão camponesa na França e na Alemanha* [*Die Bauernfrage in Frankreich und Deutschland*].
1895	Redige uma nova introdução para *As lutas de classes na França*. Após longo tratamento médico, Engels morre em Londres (5 de agosto). Suas cinzas são lançadas ao mar em Eastbourne. Dedicou-se até o fim da vida a completar e traduzir a obra de Marx, ofuscando a si próprio e a sua obra em favor do que ele considerava a causa mais importante.

COLEÇÃO MARX-ENGELS

O 18 de brumário de Luís Bonaparte
Karl Marx

Anti-Dühring: a revolução da ciência segundo o senhor Eugen Dühring
Friedrich Engels

O capital: crítica da economia política, Livro I: O processo de produção do capital
Karl Marx

O capital: crítica da economia política, Livro II: O processo de circulação do capital
Karl Marx
Edição de **Friedrich Engels**

O capital: crítica da economia política, Livro III: *O processo global da produção capitalista*
Karl Marx
Edição de **Friedrich Engels**

Crítica da filosofia do direito de Hegel
Karl Marx

Crítica do Programa de Gotha
Karl Marx

Os despossuídos: debates sobre a lei referente ao fundo de madeira
Karl Marx

Dialética da natureza
Friedrich Engels

A diferença entre a filosofia da natureza de Demócrito e a de Epicuro
Karl Marx

Escritos ficcionais: Escorpião e Félix / Oulanem
Karl Marx

Grundrisse: manuscritos econômicos de 1857-1858 – Esboços da crítica da economia política
Karl Marx

A guerra civil na França
Karl Marx

A ideologia alemã
Karl Marx e **Friedrich Engels**

Lutas de classes na Alemanha
Karl Marx e **Friedrich Engels**

As lutas de classes na França de 1848 a 1850
Karl Marx

Lutas de classes na Rússia
Karl Marx e **Friedrich Engels**

Manifesto Comunista
Karl Marx e **Friedrich Engels**

Manuscritos econômico-filosóficos
Karl Marx

Miséria da filosofia
Karl Marx

A origem da família, da propriedade privada e do Estado
Friedrich Engels

A sagrada família
Karl Marx e **Friedrich Engels**

A situação da classe trabalhadora na Inglaterra
Friedrich Engels

Sobre a questão da moradia
Friedrich Engels

Sobre a questão judaica
Karl Marx

Sobre o suicídio
Karl Marx

O socialismo jurídico
Friedrich Engels e **Karl Kautsky**

Últimos escritos econômicos
Karl Marx

Este livro foi composto em Optima 10/12,7
e Palatino 11/14,6 e reimpresso em papel
Pólen Natural 80 g/m², pela gráfica Rettec,
para a Boitempo, em outubro de 2023,
com tiragem de 1.000 exemplares.